BEI GRIN MACHT SICH IHR
WISSEN BEZAHLT

Bibliografische Information der Deutschen Nationalbibliothek:

Die Deutsche Bibliothek verzeichnet diese Publikation in der Deutschen National-
bibliografie; detaillierte bibliografische Daten sind im Internet über http://dnb.d-
nb.de/ abrufbar.

Dieses Werk sowie alle darin enthaltenen einzelnen Beiträge und Abbildungen
sind urheberrechtlich geschützt. Jede Verwertung, die nicht ausdrücklich vom
Urheberrechtsschutz zugelassen ist, bedarf der vorherigen Zustimmung des Verla-
ges. Das gilt insbesondere für Vervielfältigungen, Bearbeitungen, Übersetzungen,
Mikroverfilmungen, Auswertungen durch Datenbanken und für die Einspeicherung
und Verarbeitung in elektronische Systeme. Alle Rechte, auch die des auszugsweisen
Nachdrucks, der fotomechanischen Wiedergabe (einschließlich Mikrokopie) sowie
der Auswertung durch Datenbanken oder ähnliche Einrichtungen, vorbehalten.

Impressum:

Copyright © 2018 GRIN Verlag
Druck und Bindung: Books on Demand GmbH, Norderstedt Germany
ISBN: 9783668868069

Dieses Buch bei GRIN:

https://www.grin.com/document/454817

Leonie Bandurski

Wie gelingt der pädagogische Alltag in einer Kindertagesstätte mit hochbegabten Kindern?

GRIN Verlag

Titel der Facharbeit:

Wie gelingt der pädagogische Alltag in einer Kindertagesstätte mit hochbegabten Kindern?

Autorin:

Leonie Bandurski

Inhaltsverzeichnis

1. Einleitung

Es gibt Kinder, die beeindruckende Fähigkeiten haben. Ihre Leistungen bewegen sich weit über dem Durchschnitt der Leistungen der Kinder in ihrer Altersgruppe. Sie sind hochbegabt. Pädagogen sind mitunter Fachkräfte, die Kinder in ihren frühen Entwicklungsprozessen begleiten.[1]

Das Thema der Hochbegabung für diese Facharbeit wurde gewählt, weil es ein allgegenwärtiges Thema im Bildungssystem, aber auch in unserer Gesellschaft darstellt. Etliche Menschen haben ein Bild von Hochbegabten im Kopf, das durchaus bedauerlicherweise mit einer Menge Stereotype besetzt ist.[2] Das ist dementsprechend bedauerlich, da jedes Kind das Recht erfahren sollte, in seiner essentiellen Persönlichkeit bedingungslos wertgeschätzt und anerkannt zu werden. Demnach ist es an der Zeit, hochbegabte Kinder nicht in Schubladendenken einzuordnen. Die Hochbegabung ist eine Ressource, um die Anforderungen des Lebens fürsorglich zu bewältigen. Die Hochbegabung ist ein Schatz, den diese Kinder in sich tragen. Es gilt, ihnen dazu zu verhelfen, ihren eigenen Schatz in sich zu entdecken.

Kinder, die hochbegabt sind, haben ein unglaubliches Entwicklungspotential. Die Prozesse im Kitaalltag haben eine nennenswerte Tragweite für die gesamte spätere Laufbahn des Kindes.[3] Wenn Kinder nicht als diese erkannt werden, können sie infolgedessen aufgrund ihrer Andersartigkeit schnell als verhaltensauffällig etikettiert werden. Hochbegabte Kinder sind absolut auf Förderung durch ihre Umwelt angewiesen.[4] Sie können sich nicht ganz allein gegen widrige Umstände durchsetzen. Fähigkeiten, die diese besonders begabten Kinder nicht in Anspruch nehmen, entwickeln sich nur unvollkommen und können sogar verkümmern.[5]

Die intellektuelle Leistungsfähigkeit eines hochbegabten Kindes sollte durch Wissensvermittlung gefördert, durch verschiedene Aufgabenbereiche gefordert, durch wertvolles Feedback gestärkt und durch pädagogische Fachkräfte in fürsorgliche und effektive Bahnen gelenkt werden.[6] Dauerhafte Unterforderung kann sich negativ auf die ganze Persönlichkeitsentwicklung des Kindes auswirken. Wenn hochbegabten Kindern echte

---

[1] Vock, Hanna: KiTa aktuell - Hochbegabung im Kindergarten (2003), S. 200-205 Link: https://www.kindergartenpaedagogik.de/1603.html
[2] Preckel, Franzis; Baudson, Tanja: Hochbegabung – Erkennen, Verstehen, Fördern (2013), C.H. Beck Verlag, S.53-54; Vgl. Preckel F; Baudson, T (2013) S.74
[3] Preckel, F; Baudson, T (2013) S.17
[4] Preckel, F; Baudson, T (2013) S.16-17
[5] Webb, James: Hochbegabte Kinder – Das große Handbuch für Eltern (2017), 2. Auflage, Hogrefe Verlag, S.18
[6] Vgl. Vock, H (2003) S. 200-205

Herausforderungen fehlen, wenn sie nur selten erleben, dass sie diese erfolgreich bewältigen können, so können die Kinder ihre eigenen Fähigkeiten nicht entdecken und einsetzen lernen.[7]

Aus den genannten Gründen zur Themenwahl wird in dieser Facharbeit erörtert, welche Fördermöglichkeiten bestehen, um besonders begabte Kinder nicht aus dem System fallen zu lassen und ihnen den Raum zu ermöglichen, sich zu entfalten. Dementsprechend wird ein solides Fachwissen zusammengetragen, um Pädagoginnen und Pädagogen die Möglichkeit einzuräumen, Hochbegabungspotentiale schneller erkennen zu können. Die zentrale Frage ist, wie ein pädagogischer Kitaalltag mit hochbegabten Kindern gelingen kann.[8]

Begabung benötigt immer eine motivierende und angemessene Umgebung.[9] Eine frühe Förderung hochbegabter Kinder ist deshalb so wichtig, denn je jünger sie sind, desto höher ist das Entwicklungspotential. Das Entwicklungsspektrum sollte dementsprechend den Raum haben, dass hochbegabte Kinder sich nach oben und nicht nach unten entfalten. Diese Basis kann durchaus sehr effektiven Anklang in Kindertageseinrichtungen finden. Wie dies gelingen kann, werde ich im Laufe meines Hauptteils erörtern.[10]

Zunächst wird die Facharbeit mit vorangestelltem Wissen über das Themenfeld der Hochbegabung beginnen. Es soll um eine Möglichkeit der Definition gehen, die Intelligenzebenen, verschiedentliche Möglichkeiten zur Diagnostik einer Hochbegabung und um mögliche Merkmale, welche Kinder mit einer Hochbegabung aufweisen können. So entsteht eine tragfähige Basis, auf welcher die Arbeit mit Blick auf den pädagogischen Alltag aufgebaut werden kann. Diesbezüglich wird es um den Bildungsauftrag gehen, den pädagogische Fachkräfte erfüllen müssen. Es wird darum gehen, wie die Resilienz hochbegabter Kinder gefördert und personale Schutzfaktoren aufgebaut werden können. Dabei geht es unter anderem um das zentrale Thema der Inklusion und der Partizipation, die Rolle der Pädagoginnen und Pädagogen und die effektive Gestaltung einer Erziehungspartnerschaft.

Gegen Ende dieser Facharbeit werden bestehenden Herausforderungen im Kitaalltag anhand eines praktischen Bildungsangebots dargelegt und dementsprechend eine Handlungsableitung zur weiteren Unterstützung der Entwicklung hochbegabter Kinder entwickelt.

---

[7] Vgl. Vock, H (2003) S. 200-205
[8] Vgl. Vock, H (2003) S. 200-205
[9] Vgl. Preckel, F; Baudson, T (2013) S. 78-90
[10] Vgl. Vock, H (2003) S. 200-205

2. Hochbegabung

2.1. Definition

Eine Hochbegabung bei Kindern kann sich sehr unterschiedlich zeigen. So individuell, wie sich Kinder entwickeln, so individuell entwickeln sich auch ihre Hochbegabungen.

Hochbegabte Kinder sind in der Lage, überdurchschnittliche kognitive Leistungen verglichen mit Gleichaltrigen in einem oder mehreren Begabungsfeldern zu erbringen.[11] Die Sprache, die Naturwissenschaft, die Technik, die Mathematik, die Musik sind jene Begabungsfelder, in denen überdurchschnittliche Leistungen beobachtet wurden. Wobei gesagt werden muss, dass auch der soziale und der alltagspraktische Bereich zu überdurchschnittlichen Leistungen führen können. Hochbegabung wird folglich mit hohen Leistungen, also entwickeltem Potential identifiziert.[12]

Um eine Hochbegabung bestätigen zu können, braucht es aber mehr als eine Definition. Im nächsten Kapitel wird der Intelligenzquotient - ein weiterer wichtiger Bestandteil für eine fundierte Feststellung erläutert.

2.2. Intelligenzquotient

Der Intelligenzquotient (IQ) ist ein Wert, mit welchem die Intelligenz von Kindern und Erwachsenen gemessen werden kann.[13] Dementsprechend liegt der durchschnittliche IQ-Wert in unserer Gesellschaft zwischen 85 und 115 IQ-Punkten.[14] Als hochbegabt werden Menschen bezeichnet, welche einen Intelligenzquotienten von 130 oder mehr erreichen.[15] Hochbegabt ist nicht gleich hochbegabt, denn dieses Feld wird der Genauigkeit wegen weiter aufgeteilt.

---

[11] Holling, Heinz: Bundesministerium für Bildung und Forschung - Begabte Kinder finden und fördern - Ein Wegweiser für Eltern, Erzieherinnen und Erzieher, Lehrerinnen und Lehrer – (2015) S.13 Link: https://www.bmbf.de/pub/Begabte_Kinder_finden_und_foerdern_2017.pdf
[12] Textor, Martin R: Das Kita-Handbuch – Hochbegabte Kinder entdecken und angemessen fördern (2015), S.7 Link: https://www.kindergartenpaedagogik.de/2156.pdf; Brackmann, Andrea: Jenseits der Norm – hochbegabt und hochsensibel (2017) 9. Auflage, Klett-Cotta Verlag, S.18; Vgl. Preckel, F; Baudson, T (2013) S.9-12; Schlichte-Hiersemenzel, Barbara: Bundesministerium für Bildung und Forschung - Zu Entwicklungsschwierigkeiten hoch begabter Kinder und Jugendlicher in Wechselwirkung mit ihrer Umwelt (2001), S. 7 Link: https://bildung-rp.de/fileadmin/user_upload/foerderung.bildung-rp.de/hochbegabung/bmbfentschicklungsschwierigkeiten.pdf
[13] Vgl. Preckel, F; Baudson, T (2013) S.13; Preckel, F et al.: Fragen und Antworten zum Thema Hochbegabung (2014), Druckerei Imbescheidt, 4. Auflage S.22 Link: https://www.fachportal-hochbegabung.de/common/kfp/pdf/publikationen/FAQ_Hochbegabung-2014-11.pdf
[14] Preckel, F. et al. (2014), S.22 Vgl. Textor, M. R. (2015) S.4-5
[15] Preckel, F. et al. (2014), S.22; Vgl. Textor, M. R. (2015) S.5

Als höchstbegabt gelten Menschen, die einen Intelligenzquotienten um 145 herum aufweisen. Die höchste messbare Kategorie bilden die Menschen, die einen Intelligenzquotienten von 150 bis 160 erreichen. Diese gelten somit als außerordentlich begabt.[16]

Dieser Intelligenzquotient ein Hauptbestandteil, wenn es um die Feststellung von Hochbegabungen geht. Im nächsten Kapitel wird ein weiterer wichtiger Bestandteil erläutert, der im pädagogischen Alltag durchaus differenziert werden sollte, um eine adäquate Förderung der individuellen Begabungen zu gewährleisten.

2.2.1 Intelligenzebenen

Howard Gardner hat eine Theorie entwickelt, nach welcher multiple Intelligenzen unabhängig voneinander bestehen. Somit hat er die menschliche Intelligenz nicht als Einheit definiert, sondern sieben Intelligenzen in seinem Modell beschrieben.[17] Diese Erkenntnis ist daher so bedeutsam für den Kitaalltag, da hochbegabte Kinder demnach nicht zwingend in allen Bereichen überdurchschnittliche Begabungen zeigen müssen.

Die *sprachliche Intelligenz* umfasst jegliche verbale Kompetenzen.[18]

Die *musikalische Intelligenz* beschreibt die Fähigkeit, feine Systeme und Strukturen von Klängen, Melodien und Rhythmen zu erkennen und dementsprechend zu musizieren.[19]

Als *logisch-mathematische* Intelligenz[20] definiert Gardner die Fähigkeit, Probleme logisch zu analysieren, Zahlensysteme zu erkennen, sich mathematische Zusammenhänge ableiten und die Muster der Mathematik anwenden zu können.[21]

Die *visuell-räumliche Dimension* bezeichnet die Fähigkeit, sich räumliche Dimensionen mental vorstellen und verschiedentliche Gegenstände zielorientiert anordnen zu können.[22]

---

[16] Vgl. Brackmann, A (2017) S.19
[17] Vgl. Textor, M. R. (2015) S. 3-4; Vgl. Webb, J (2017) S. 36-37
[18] Vgl. Textor, M. R. (2015) S. 3-4; Vgl. Webb, J (2017) S. 37; Vgl. Preckel, F; Baudson, T (2013) S.14-17
[19] Vgl. Textor, M. R. (2015) S. 3-4; Vgl. Webb, J (2017) S. 37
[20] Vgl. Textor, M. R. (2015) S. 3-4; Vgl. Preckel, F; Baudson, T (2013) S. 14-17
[21] Vgl. Textor, M. R. (2015) S. 3-4; Vgl. Webb, J (2017) S. 37
[22] Vgl. Textor, M. R. (2015) S. 3-4; Vgl. Webb, J (2017) S. 37

Das Körperbewusstsein beziehungsweise die Körperbeherrschung bezeichnen die *körperlich-kinästhetische-Intelligenz*.[23] Sie geht davon aus, dass Bewegungen koordiniert und kontrolliert werden können.[24]

Die *interpersonale Intelligenz* definiert die Kompetenz der Kommunikation und der Beziehungen. Es besteht ein außerordentliches Vermögen, andere Menschen zu spüren, sie zu leiten und zu führen.[25]

Die *intrapersonale Intelligenz* beschreibt eine sehr ausgeprägte Bewustheit für das eigene Selbst und im inneren einen Zustand der tiefen Selbsterkenntnis beziehungsweise Selbstreflexion zu erzeugen.[26]

In diesem Kapitel wurde eine Differenzierung von verschiedenen Begabungsfeldern erläutert. Im nächsten Kapitel wird es um die Merkmale hochbegabter Kinder gehen, die für pädagogische Fachkräfte im Kitaalltag eine große Rolle spielen.

2.2.2 Merkmale hochbegabter Kinder

Kinder mit besonderer Begabung können verschiedene Merkmale aufweisen. Das Kategorisieren dieser kann bedeutsam sein, um im pädagogischen Alltag aufmerksam agieren zu können.

Ein Merkmal einer Hochbegabung kann sein, dass die Kinder besondere Ausprägungen in Bezug auf ihr *Lernverhalten und ihr Denken* aufweisen.[27] Hochbegabte Kinder können häufig sehr mühelos und rasch Informationen behalten und ein sehr hohes Niveau an Detailwissen zeigen.[28] Es ist möglich, dass Kinder eine außergewöhnlich gute Beobachtungsgabe haben und eine besondere Fähigkeit, leicht gültige Verallgemeinerungen herzustellen.[29] Hochbegabte Kinder organisieren schon in jungen Jahren Dinge und Personen in Systemen. Sie streben nach Komplexität.[30] Sobald ihnen Dinge banal erscheinen, wenden sie ihre

---

[23] Vgl. Preckel, F; Baudson, T (2013) S. 14-17
[24] Vgl. Webb, J (2017) S. 37
[25] Vgl. Webb, J (2017) S. 37
[26] Vgl. Webb, J (2017) S. 37
[27] Vgl. Holling, H (2015) S. 38; Preckel, F et al. (2014) S. 22; Franke, Ulrike: Bundesministerium für Bildung und Forschung - Begabte Kinder fördern und fordern (2000) Link: https://www.theraplay.de/uploads/pdf/hochbegabung.pdf
[28] Vgl. Preckel, F; Baudson, T (2013) S. 56; Vgl. Textor, M. R. (2015) S. 5; Vgl. Franke, U (2000)
[29] Vgl. Prof. Dr. Dr. Holling, H (2015) S. 41; Vgl. Franke, U (2000)
[30] Vgl. Textor, M. R. (2015) S. 5; Preckel, F et al. (2014) S.22; Vgl. Webb, J (2017) S. 44 / S. 49

Aufmerksamkeit ab, sie reagieren mit Desinteresse und Langeweile. Folge kann sein, dass sie das Gruppengeschehen stören.[31]

Durchaus können Kinder mit einer Hochbegabung einen ungewöhnlichen Wortschatz anwenden und dementsprechend eventuell auch eine sehr ausdrucksstarke Sprache aufweisen. Sie zeigen *besondere verbale Fähigkeiten*.[32] Sie verstehen oft schon frühzeitig kleine Unterschiede in der Bedeutung ähnlicher Worte und haben ein differenziertes Verständnis von abstrakten Konzepten wie Ähnlichkeiten und Unterschieden. Nicht selten lesen hochbegabte Kinder sehr viel und haben Freude daran, eigene Wortspiele zu erfinden und diese mit ihrer Umwelt zu teilen.[33] Eine Herausforderung im pädagogischen Alltag kann dies durchaus darstellen, denn diese besondere Begabung findet häufig keinen Anklang in der Gruppe mit Gleichaltrigen.[34] Hochbegabte Kinder finden keine Gesprächspartner für ihre verbalen Fähigkeiten. Es ist kaum möglich, dass andere Kinder sich mit diesem weit entwickelten sprachlichen Austausch befassen. Diese Tatsache kann dazu führen, dass hochbegabte Kinder frustriert sind, sich anders und einsam fühlen. Die Kindergruppe, in der sich die besonders Begabten aufhalten, empfindet sie eventuell als Außenseiter und anstrengend.[35]

Zum anderen können sich Merkmale einer Hochbegabung auch auf die *Arbeitshaltung und die Interessensgebiete beziehen*. Kinder können stets bemüht sein, Probleme und Aufgaben vollständig zu lösen und eine Langeweile bei Routineaufgaben zeigen.[36] Hochbegabte Kinder können sich ausgeprägt selbstkritisch verhalten und hohe Leistungsziele an sich selbst stellen. Das Arbeitsniveau hochbegabter Kinder liegt deutlich über dem Durchschnitt Gleichaltriger – dementsprechend verfügen sie oft über ein breites Interessensspektrum.[37] Schwierig und herausfordernd wird es im pädagogischen Alltag dann, wenn hochbegabte Kinder durch ihren Perfektionismus ihre Ich-Grenzen nicht erkennen, sich selbst überfordern und starke Selbstzweifel entwickeln.[38]

Einen Hinweis auf eine Hochbegabung können auch Merkmale des *sozialen Verhaltens* bilden.[39] Hochbegabte Kinder empfinden ihre eigenen Emotionen und die Emotionen ihrer

---

[31] Vgl. Preckel, F et al. (2014), S. 22; Vgl. Franke, U (2000)
[32] Vgl. Holling, H (2015) S. 41-43; Vgl. Holling, H (2015) S. 41; Vgl. Textor, M. R. (2015) S. 5; Preckel, F et al. (2014), S. 22
[33] Vgl. Webb, J (2017) S. 43; Vgl. Textor, M. R. (2015) S. 5
[34] Vgl. Franke, U (2000); Vgl. Textor, M. R. (2015) S. 7
[35] Schlichte-Hiersemenzel, B (2001) S. 7
[36] Vgl. Franke, U (2000)
[37] Vgl. Webb, J (2017) S. 45; Vgl. Textor, M. R. (2015) S. 5
[38] Vgl. Franke, U (2000)
[39] Vgl. Preckel, F; Baudson, T (2013) S. 56

Umwelt häufig als sehr intensiv und haben äußerst feine Antennen für Stimmungen und atmosphärische Regungen.

Hochbegabte Kinder beschäftigen sich häufig in dem Zusammenhang mit sozialen und politischen Fragen.[40] Herausfordernd für den pädagogischen Alltag ist es dann, wenn hochbegabte Kinder im Rahmen ihrer sozialen Kompetenzen Defizite aufweisen und sich in der Gruppendynamik mit den Werten, Normen, Regeln und Gedanken, die sie selbst haben, nicht zurechtfinden. Es kann sein, dass sie auf diese Diskrepanz mit Aggression, Wut, Frustration und destruktivem Verhalten reagieren.

Hochbegabte Kinder haben häufig eine *große Neugier*, sie stellen sehr viele präzise Fragen, zeigen sich außerordentlich wissbegierig und scheinen im Prozess ihrer Wissensuche äußerst enthusiastisch.[41]

Letztlich verfügen Kinder mit einer Hochbegabung auch häufig über eine ausgeprägte Kreativität und eine *leidenschaftliche Vorstellungskraft*.[42] Imaginäre Spielkammeraden sind Ausdruck enormer Intelligenz, aktiver Vorstellungskraft und einer dementsprechend ausgeprägten Kreativität und Phantasie.[43]

Nicht selten tritt bei hochbegabten Kindern ein *ungewöhnlicher Sinn für Humor* auf.[44] Sie erfinden eigene Wortspiele und Worträtsel, können über diese ausgiebig lachen und teilen ihre Wortgewandtheit durchaus anregend mit ihrem Umfeld.[45] Die Schwierigkeit besteht darin, den Kindern ein Umfeld zu gestalten, in denen sie mit ihrem Humor Anklang finden, sich wertgeschätzt und gesehen fühlen.

Hochbegabte Kinder sind oft auf der Suche nach *tiefem Verständnis und Antworten für ungeklärte Fragen*. Sie stellen in Folge ihres ausgeprägten, intensiven Denkens Werte und Normen in Frage und betrachten die Welt sehr genau.[46] Besonders herausfordernd kann dieses Merkmal dann sein, wenn die Kinder mit Wut, Unverständnis und großen Zweifeln an ihrem eigenen Weltbild reagieren, wenn sie auf Fragen keine Antworten finden.

Sie zeigen sich dementsprechend häufig auch *ungeduldig im Umgang mit anderen Menschen oder aber mit sich selbst*.[47] Sie kennen ihre Fähigkeiten und wissen durchaus, was sie leisten

---

[40] Vgl. Franke, U (2000); Vgl. Webb, J (2017) S. 45; Vgl. Preckel, F; Baudson, T (2013) S. 73
[41] Vgl. Franke, U (2000); Vgl. Webb, J (2017) S. 45; Vgl. Preckel, F; Baudson, T (2013) S. 59
[42] Vgl. Franke, U (2000)
[43] Vgl. Webb, J (2017) S. 46; Vgl. Preckel, F; Baudson, T (2013) S. 63
[44] Vgl. Preckel, F et al. (2014), S. 22
[45] Vgl. Webb, J (2017) S. 46
[46] Vgl. Franke, U (2000); Vgl. Webb, J (2017) S. 47; Vgl. Preckel, F; Baudson, T (2013) S. 63
[47] Vgl. Holling H. et al (2017) S. 41; Vgl. Preckel, F; Baudson, T (2013) S. 56

können. Durch ihren ausgeprägten Perfektionismus werden sie ungeduldig mit sich selbst, wenn sie hinter ihren eigenen Erwartungen liegen oder aber ungeduldig mit anderen, wenn sie ihnen zu langsam arbeiten oder Dinge nicht in der Weise begreifen, wie sie selbst sie begreifen können. [48]

Hochbegabte Kinder können über eine sehr *ausgedehnte Aufmerksamkeitsspanne verfügen*.[49] Schon in jungen Jahren beobachten Kinder mit einer Hochbegabung ihre Umwelt sehr detailliert und ausgiebig. Hochbegabte Kinder jeden Alters weisen hinsichtlich ihrer derzeitigen Interessen eine längere Aufmerksamkeitsspanne auf als Kinder ihrer Altersstufe. Sie widmen sich ihren Tätigkeiten sehr intensiv und fokussiert, sodass sie häufig alles um sich herum ausblenden.[50]

Hochbegabte Kinder haben häufig intensiv *andauernde Tagträume*. Sie verweilen in sich und ihren Gedanken. Das kann dementsprechend soweit gehen, dass sie teilweise das Bewusstsein für ihr Umfeld verlieren.[51] Im gruppengeschehen des pädagogischen Alltags kann das schwierig werden, denn so isolieren sich hochbegabte Kinder selbst, verlieren den Anschluss. Die anderen Kinder verstehen die Situation eventuell nicht, sie empfinden das Verhalten als sonderbar und grenzen das hochbegabte Kind womöglich aus.

Zusammenfassend ist zu erwähnen, dass die Persönlichkeitsstruktur hochbegabter Kinder von einer *stark ausgeprägten Intensität* durchzogen ist. All diese beschriebenen Merkmale stehen in engem Zusammenhang mit dieser Intensität. Hochbegabte Kinder sind in allem, was sie empfinden, erleben, tun oder denken um einiges intensiver als andere Kinder.[52]

Hochbegabte Kinder weisen viele der beschriebenen Merkmale auf. Als Grundlage für eine inklusive Arbeit im pädagogischen Alltag gilt die Wahrnehmung der Fachkräfte. Die Herausforderung besteht darin, jedes einzelne Kind mit dem wahrzunehmen, was es mit sich bringt und die pädagogische Arbeit auf die einzelnen Bedürfnisse der Kinder anzupassen. Für pädagogische Fachkräfte ist es bedeutsam, dass sie diese Kinder nicht anweisen, diese Verhaltensweisen abzulegen oder sich anzupassen, denn sie sind als essentieller, integraler Bestandteil ihres Wesens anzuerkennen. Vielmehr geht es im pädagogischen Alltag darum, allen Kindern zu signalisieren, dass sie wertvoll mit all dem sind, was sie in sich tragen. Wünschenswert wäre, dass sie ihre Wesensmerkmale als Gabe anerkennen und respektieren

---

[48] Vgl. Franke, U (2000); Vgl. Webb, J (2017) S. 48; Vgl. Preckel, F; Baudson, T (2013) S. 66
[49] Vgl. Franke, U (2000); Vgl. Holling, H (2015) S. 41
[50] Vgl. Franke, U (2000); Vgl. Webb, J (2017) S. 48
[51] Vgl. Webb, J (2017) S. 51
[52] Vgl. Webb, J (2017) S. 51; Vgl. Brackmann, A (2017) S. 46; Vgl. Preckel, F; Baudson, T (2013) S. 63

lernen, dass sie einen Selbstwert entwickeln, mit welchem sie ihren eigenen Begabungen begegnen können. Pädagogische Fachkräfte unterstützen hochbegabte Kinder, ihre Entwicklungsziele effizient zu erreichen und ihre wunderbaren Begabungen zu entfalten.

Um eine Hochbegabung gesichert festzustellen, braucht es allerdings mehr, als eine Verhaltensbeobachtung im pädagogischen Kitaalltag. Letztlich muss eine Diagnostik gesichert werden, welche die Anamnese im Kitaalltag beinhaltet, darüber hinaus allerdings noch andere Faktoren einschließt.

In diesem Kapitel ging es um die Merkmale, die hochbegabte Kinder im pädagogischen Alltag aufweisen können. Sie bieten einen praktischen Leitfaden für pädagogische Fachkräfte, um in der Arbeit Rücksicht auf Besonderheiten nehmen zu können. Im nächsten Kapitel wird es um Methoden und Möglichkeiten zur Diagnostik einer Hochbegabung gehen.

2.3. Möglichkeiten der Diagnostik

Die Diagnostik für die Feststellung einer Hochbegabung führen keine pädagogischen Fachkräfte in Kindertageseinrichtungen durch. Es sind Schulpsychologen, schulpsychologische Zentren und Beratungsstellen, niedergelassene Kinder- und Jugendpsychologen und Kinder- und Jugendpsychiater, die die Begabungstestung durchführen und die Hochbegabung feststellen.[53] Um eine fundierte Diagnostik einer Hochbegabung stellen zu können, müssen drei Säulen beachtet und ausführlich bearbeitet werden.[54]

Die erste Säule bildet die Anamnese.[55] Eltern, pädagogische Fachkräfte oder andere Institutionen werden mit einbezogen, aber auch das Kind selbst hat die Möglichkeit, sich zu äußern.[56] Es ist bedeutsam, einige Daten zur Entwicklung des Kindes zu sammeln.[57] Die zu beobachtenden Themengebiete bilden die sprachliche, die soziale, die geistige und die motorische Entwicklung. Es geht um Besonderheiten, Auffälligkeiten und das Interessensspektrum des Kindes. Die Anamnese umfasst folglich erste stichwortartige Hinweise für eine Hochbegabung.[58]

---

[53] Vgl. Preckel, F et al. (2014), S. 39
[54] Vgl. Brackmann, A (2017) S. 22
[55] Vgl. Preckel, F et al. (2014), S. 41
[56] Vgl. Preckel, F et al. (2014), S. 41
[57] Vgl. Preckel, F et al. (2014) S. 41
[58] Vgl. Brackmann, A (2017) S. 22

Die zweite diagnostische Säule bildet die Verhaltensbeobachtung.[59] In Bezug auf dieses Feld wird während der Interaktion des Kindes darauf geachtet, wie es sich im Kontakt verhält, in welcher Form es sprachlichen Ausdruck gestaltet, in welchem Rahmen sich Motivation und Konzentration bewegen, wie es Frustration reguliert und welche Strategien des Arbeitens auffallen. Dementsprechend wird auch hier auf Hinweise für eine Hochbegabung geachtet.[60]

Die dritte Säule der Diagnostik bildet letztlich die testpsychologische Diagnostik. Der Intelligenzquotient wird ermittelt und ein Wert von 130 Punkten oder mehr bildet dann den letzten Indikator für eine Hochbegabung.[61]
Unterstützend für Kinder, die eventuell während der Testsituation ängstlich reagieren, blockiert wirken oder unsicher scheinen, ist es möglich, die Bedingungen eines Testverfahrens bedürfnisorientiert zu gestalten oder den Test gegebenenfalls zu wiederholen.[62]

Im Folgenden werden zwei Testverfahren näher erläutert.

Der amerikanische Psychologe David Wechsler hat einen Intelligenztest für Kinder entwickelt – den sogenannten *HAWIK III* oder *"Hamburg-Wechsler-Intelligenztest für Kinder"*.[63] Ziel des Tests ist die Messung der Denkleistungen und kognitiven Fähigkeiten von Kindern und Jugendlichen im Alter von 6 bis 16 Jahren.[64] Die Kategorien dieses Testverfahrens setzen sich aus den Werten des Sprachverständnisses, dem logischen Denken, welches mit der Wahrnehmung vernetzt ist, der Geschwindigkeit der Verarbeitung von Informationen, der Leistung des Arbeitsgedächtnisses und dem letztendlich gemessenen Intelligenzquotienten zusammen.[65]

Peter Melchers und Ulrich Preuß sind Psychologen und haben an einem Institut den *„Kaufman Assessment Battery for Children" (K-ABC)* entwickelt.[66] Das stellt ein Diagnostikum zur Messung von Intelligenz und spezifischen Fertigkeiten für Kinder im Alter von 2,6 bis 12,5 Jahren dar.[67] Die K-ABC besteht aus insgesamt 16 Untertests. Diese Tests bestehen aus der Skala der *intellektuellen Fähigkeiten* (einzelheitliches Denken mit Handbewegungen, Zahlennachsprechen und Wortreihen) und dem ganzheitlichen Denken (Wiedererkennen von

---

[59] Vgl. Preckel, F et al. (2014), S. 37
[60] Vgl. Brackmann, A (2017) S. 22
[61] Vgl. Brackmann, A (2017) S. 23; Vgl. Holling, H (2015) S. 46
[62] Vgl. Preckel, F et al. (2014) S. 41
[63] Vgl. Preckel, F et al. (2014), S. 37
[64] Petermann, Franz: Hamburg-Wechsler-Intelligenztest für Kinder III (HAWIK-III) (2008) Link: http://entwicklungsdiagnostik.de/hawik-iv.html
[65] Vgl. Petermann, F (2008)
[66] Vgl. Preckel, F et al. (2014), S.37
[67] Melchers, Peter: Kaufman Assessment Battery for Children, deutsche Version (K-ABC) (2009) Link: http://entwicklungsdiagnostik.de/k-abc.html

Gesichtern, Dreiecken, Gestaltschließen, bildhaftem Ergänzen, räumlichem Gedächtnis und Fotoserien), *der Skala der Fertigkeiten* (Wortschatz, Orte und Gesichter, Rechnen, Rätsel, Lesen, Buchstabieren, Lesen und Verstehen). Zusätzlich existiert eine sprachfreie Skala. Während dieser diagnostischen Methode wird keine Sprache gebraucht, sondern gestisch-mimisch und motorisch gearbeitet wird.[68]

Je jünger ein Kind ist, desto wahrscheinlicher ist es, dass die Intelligenzentwicklung noch deutlich variieren kann. Aus diesem Grund bieten Intelligenztests bei Kleinkindern keine dementsprechenden Aussichten auf ihre Begabungen. Die Intelligenz ist im Kleinkindalter noch nicht ausreichend stabil, um sie mittels Testverfahren feststellen zu können.

In etwa sind etwaige Testungen erst ab einem Alter von 5 Jahren in der Lage, Vorhersagen für ihre Intelligenz zu treffen.[69] Dennoch ist es durchaus möglich, dass auch sehr junge Kinder bereits besondere Begabungen zeigen und der deutliche Verdacht einer Hochbegabung besteht.

In diesem Kapitel wurde die Basis für eine fundierte Diagnostik erläutert. Gemeinsam mit den vorangegangenen Kapiteln sind nun die wichtigen Bestandteile einer umfassenden Diagnostik und dem Agieren hochbegabter Kinder zusammengetragen. Im nächsten Abschnitt der Facharbeit soll es nun konkret um den pädagogischen Alltag mit hochbegabten Kindern gehen. Zu diesem Anlass wird zuerst das Thema Resilienz behandelt.

3. Der pädagogische Kita-Alltag mit hochbegabten Kindern

3.1. Resilienz

3.1.1. Definition

Der Begriff *Resilienz* kommt aus dem lateinischen (*resilere*) und bedeutet im Deutschen so viel wie Widerstandsfähigkeit, Elastizität, Belastbarkeit und Spannkraft. [70]

Resilienz entwickelt sich durch eine Reihe protektiver innerer und äußerer Faktoren bereits in früher Kindheit. [71] Das Konzept der Resilienz beinhaltet die Fähigkeit eines Menschen, diese Schutzfaktoren, gegenüber belastenden Emotionen und Ereignissen einzusetzen, um keine negativen physischen oder psychischen Konsequenzen davon zu tragen. Die Handlungsfähigkeit im Rahmen emotionaler Belastungen soll erhalten bleiben oder

---

[68] Vgl. Melchers, P (2009)
[69] Vgl. Holling, H (2015) S.38; Vgl. Preckel, F et al. (2014), S.42
[70] Kormann, Georg: Gesprächspsychotherapie und personzentrierte Beratung Resilienz – Was Kinder und Erwachsene stärkt und in ihrer Entwicklung unterstützt (2009), GwG-Verlag, 4 Auflage, S.188
[71] Vgl. Kormann, G (2009), S.189

wiederhergestellt werden. Resilienz ist kein angeborenes Persönlichkeitsmerkmal. Sie wird im Laufe des Lebens erlernt und ist stets veränderbar.[72]

Um die pädagogische Arbeit professionell gestalten zu können, ist das Wissen um die in diesem Kapitel beschriebene Definition unumgänglich. Das nächste Kapitel handelt von der Wichtigkeit der Stärkung der Resilienz und von Methoden und Möglichkeiten, wie dieses Ziel im pädagogischen Alltag erreicht werden kann.

3.1.2. Stärkung der Resilienz

Resilienz sollte grundsätzlich so früh wie möglich im Kindesalter unterstützt werden, weil somit die nötigen Schutzfaktoren erlernt werden können, die im weiteren Lebensweg helfen, belastenden Ereignissen standzuhalten und sich gesund entwickeln zu können.

Insbesondere hochbegabte Kinder benötigen stabile resiliente Fähigkeiten, um ihre Hochbegabung nicht als Fluch, sondern als Segen zu empfinden. Alle frühkindlichen positiven Erfahrungen und stabilisierenden Beziehungen erleichtern die Entwicklung von Bewältigungsstrategien und liefern die Basis für das spätere Leben und vor allem auch die Grundlage, damit diese Kinder ihre Begabungen entfalten können.[73]

Hochbegabte Kinder können aus partizipativen Lernerfolgen stark profitieren. Sie erleben sich als selbstwirksam und haben die Möglichkeit, eigene Gedanken, Ideen und ihre Fähigkeiten in ihr Leben einzubeziehen und dementsprechend von sich selbst und aus der Kindergemeinschaft mit anderen zu lernen.[74] Das heißt, der pädagogische Alltag sollte daran ausgerichtet sein, dass hochbegabte Kinder Lernerfolge ihres Niveaus erleben können.

Für hochbegabte Kinder ist es sehr wichtig, dass sie nicht das Gefühl haben, sie müssten sich im Kitaalltag an das Niveau der anderen anpassen und ihre Fähigkeiten verbergen.[75] Andersherum müssen sich die anderen Kinder natürlich auch nicht anpassen. Das würde auf beiden Seiten zu Demotivation und psychischen Belastungen führen.[76] Alle Kinder sollen die Möglichkeit haben, sich aktiv am Geschehen beteiligen zu können. Es ist wichtig, dass sie das

---

[72] Vgl. Kormann, G (2009) S. 194
[73] Vgl. Holling, H (2015) S. 61-62
[74] Vgl. Brackmann, A (2017) S. 60-63; Vgl. Holling, H (2015) S. 61-62
[75] Vgl. Preckel, F; Baudson, T (2013) S. 74
[76] Vgl. Preckel, F; Baudson, T (2013) S. 74

Gefühl erleben, bedeutsame Persönlichkeiten zu sein, um ein gesundes Selbstkonzept aufbauen zu können.[77]

Im Grunde kann ebenfalls ein gesundes Temperament, welches flexibel und weniger impulsiv eingesetzt wird, als resilienter Faktor betrachtet werden. Hochbegabte Kinder können genauso kritische Äußerungen einbringen, wie es die anderen Kinder dürfen. Eine gemeinsame Interaktion mit Diskussionen und dem Gefühl, das eigene Denken ist wertvoll, sorgt für eine positive Entwicklung des Selbstwerts.[78]

Gleichwohl ist es bedeutsam, hochbegabten Kindern genauso emotionale Zuwendung zu schenken, wie allen anderen Kindern. Sie sollten sich der Gruppe zugehörig fühlen.[79] Es kann sein, dass sie die Zusprache von Mut der Erwachsenen benötigen, um sich zu trauen, ihre Fähigkeiten zu teilen. Vertrauen in Bezugspersonen und liebevolle Beziehungserfahrungen sorgen für emotionale Reife. Das grundsätzliche Vertrauen in ihr Umfeld ist folglich auch die Basis für das Vertrauen in sich selbst, Verantwortungsbewusstsein zu entwickeln und ein gewisses Maß an Selbstständigkeit aufzubringen.[80]

Hochbegabte Kinder brauchen die Erfahrung und die Bestärkung darin, dass Niederlagen keine Katastrophe bilden, sondern wertvoll für die Entwicklung sein können. Krisen scheinen oft unüberwindbar, Frustration behindert hochbegabte Kinder nicht selten.[81] Ihre hohen Ansprüche an sich selbst und das große Maß an Perfektion bedingen einen schnellen demotivierten Zustand, wenn andere Kinder Aufgaben langsamer lösen, langweilen sich hochbegabte Kinder oft und verlieren die Motivation beziehungsweise ihre Geduld.[82] Daher ist es wichtig, mit den Kindern gemeinsam fördernde Aufgaben zu finden, neue, ungewohnte Wege zu gehen, um andere Lernerfahrungen sammeln zu können. Hochbegabte Kinder brauchen einen hoffnungsvollen Blick auf ihre Realität und gesteckte Ziele, an denen sie wachsen können. Auf dieses Bedürfnis sollte im pädagogischen Alltag achtsam eingegangen werden.

Die Selbstwahrnehmung ist äußerst wichtig, um eigene, innere Prozesse spüren zu können und dann Handlungsalternativen[83] zu finden, um sich wieder zu regulieren.[84] Es geht darum,

---

[77] Vgl. Holling, H (2017) S.61-62
[78] Vgl. Webb, J (2017) S. 199-149; Vgl. Holling, H (2015) S. 61-62
[79] Vgl. Holling, H (2015) S. 61-62
[80] Vgl. Holling, H (2015) S. 61-62
[81] Vgl. Brackmann, A (2017) S. 34-46
[82] Vgl. Holling, H (2017) S. 200-205
[83] Bogatzki, Amelie: Kitafachtext – Tor schaffen – Transparenz, Orientierung, Resilienz (2015), S.5,
Link: https://www.kita-fachtexte.de/uploads/media/KiTaFT_Bogatzki_2015.pdf
[84] Vgl. Bogatzki, A (2015) S. 5

eigene Emotionen und Gedanken ganzheitlich und adäquat wahrzunehmen, um dann Strategien zur Wiederherstellung des inneren Gleichgewichts anzuwenden.[85]

Die Selbstwirksamkeit ist die Basis, eigene Stärken und Fähigkeiten zu kennen, diese bewusst einzusetzen und Strategien auf andere Situationen zu übertragen. Sie bewirkt, dass das Gefühl, dass eigenes Handeln zum Wohlbefinden beiträgt, innerlich für schwierige Situationen stark macht.[86]

Resilienz kann im pädagogischen Alltag durchaus effektiv weiterentwickelt werden. Dafür ist es wichtig, sich als Fachkraft um Vernetzung und Austausch mit den Eltern hochbegabter Kinder zu bemühen, um die Arbeit auf die Bedürfnisse des Kindes abstimmen zu können. Für eine gesunde und erfolgreiche Entwicklung gehören die oben beschriebenen resilienten Fähigkeiten, die Selbstachtsamkeit und interpersonale Fertigkeiten.

Die in diesem Kapitel erläuterten Faktoren der Resilienz bilden einen essentiellen Bestandteil der pädagogischen Arbeit. Im nächsten Kapitel wird es um den Bildungsauftrag gehen.

3.2. Bildungsauftrag

Der Bildungsauftrag setzt sich aus verschiedenen Anforderungen aus der Politik, den Erwartungen der Eltern und den Bedürfnissen der Gesellschaft zusammen.[87]

Die Erwartungen des Bildungsauftrages mit Blick auf die Hochbegabungsthematik stammen aus der Sozial- und Bildungspolitik aber auch aus dem Bereich der Psychologie. Letztlich ist der Bildungsauftrag in Deutschland im Kinder- und Jugendhilfegesetz und dem Kindertagesbetreuungsgesetz im Sozialgesetzbuch verankert.[88] Speziell in Berlin gibt es das Berliner Bildungsprogramm, dass Grundsätze für die pädagogische Arbeit festlegt.

Das Berliner Bildungsprogramm formuliert die Basis für eine gelingende Förderung. Zentrale Inhalte sind die differenzierten Bildungsbereiche und die Bedeutsamkeit von entwicklungs-, bedürfnis- und bedarfsgerechten Leistungsangeboten, eine differenzierte Erziehungsarbeit und das inklusive pädagogische Arbeiten.[89]

---

[85] Vgl. Bogatzki, A (2015) S.5; Vgl. Holling, H (2015) S. 61-62
[86] Vgl. Bogatzki, A (2015), S.5
[87] Vgl. Sozialgesetzbuch (2017)
[88] Vgl. Sozialgesetzbuch (2017)
[89] Preissing, Christa: Berliner Bildungsprogramm für Kitas und Kindertagespflege (2014): 1. Auflage, Verlag das Netz, S. 17-19;

Das Kinder- und Jugendhilfegesetz im §22 formuliert Grundsätze zur Förderung in Bezug auf die Erziehung, die Bildung und die Betreuung der Kinder. Zentrale Entwicklungsbereiche bilden die soziale, die emotionale, die körperliche und die geistige Entwicklung. Die Grundsätze zur Förderung sind deshalb so bedeutsam, weil sie voraussetzen, dass im Rahmen der pädagogischen Arbeit Inklusion gelebt wird.[90]

Der Bildungsauftrag ist gesetzlich verankert, unterdessen wird jedes einzelne Kind mit seinen Bedürfnissen und Fähigkeiten wertgeschätzt und in die pädagogische Planung mit einbezogen, sodass die Förderung individuell abgestimmt werden kann, dementsprechend am Alter und dem Entwicklungsstand, den Fähigkeiten, der Lebenssituation sowie den Interessen und Bedürfnissen des einzelnen Kindes orientiert und seine ethnische Herkunft berücksichtigt. Infolgedessen sollte hochbegabten Kindern ganzheitlich begegnet werden. Diesbezüglich ist die inklusive Arbeit der wichtigste Aspekt des Bildungsauftrags.

Im nächsten Themenabschnitt geht es explizit um die Querschnittaufgabe der wichtigen inklusiven Arbeit, die den essentiellen Teil des Bildungsauftrages in der Arbeit mit hochbegabten Kindern darstellt.

3.3. Inklusion

Der Begriff der Inklusion stammt aus dem lateinischen und bedeutet so viel wie *einschließen*.[91] Die inklusive Pädagogik ist ein pädagogisches Konzept, dessen Kernaspekt die Wertschätzung von Unterschiedlichkeiten im Individuum selbst und in sozialen Interaktionen darstellt.[92] Das bedeutet für die pädagogische Arbeit, dass die Fachkräfte den Kindern gleichberechtigte Teilhabe gewähren und sie in ihrer Diversität anerkennen sollten.[93]
Jedes Kind bringt unterschiedliche Voraussetzungen aus unterschiedlichen Lebenswelten mit. Pädagogische Fachkräfte holen die Kinder dort ab, wo sie sich mit ihren Interessen, Kompetenzen und Entwicklungsprozessen befinden. Sie berücksichtigen diese Faktoren in der Gestaltung der Bildungsarbeit und sorgen dafür, dass die Kinder nicht unter- aber auch nicht überfordert werden.[94]

---

[90] Vgl. Sozialgesetzbuch (2017)
[91] Kerbel, Barbara: Bundeszentrale für politische Bildung – Inklusion: eine Schule für alle Kinder (2015) Link: http://www.bpb.de/gesellschaft/bildung/zukunft-bildung/213296/inklusion-worum-es-geht?p=all
[92] Vgl. Kerbel, B (2015)
[93] Gartinger, Silvia et al.: Erzieherinnen und Erzieher – Professionelles Handeln im sozialpädagogischen Berufsfeld (2014), Band 1, Cornelsen Verlag, S.58; Vgl. Kerbel, B (2015)
[94] Vgl. Gartinger, S et al. (2014) S. 58-68

In der pädagogischen Arbeit sollten hochbegabte Kinder auf keinen Fall separiert und die Kinder nicht nach Fähigkeiten in Gruppen geteilt werden.[95] Es geht darum, dass sie alle gemeinsam in einer Gruppe lernen und voneinander profitieren können. Inklusive Bildung nutzt Heterogenität in sozialen Gefügen als Chance.[96] Es geht darum, Teilhabemöglichkeiten zu schaffen und somit Ausgrenzung zu vermeiden.[97]

Die Herausforderung im pädagogischen Alltag besteht darin, hochbegabte Kinder in ihren Begabungen und Schwächen zu unterstützen und zu fördern, aber auch die Gruppeninteraktion und -zugehörigkeit unabhängig von Entwicklungsvoraussetzungen und Bedürfnissen zu entwickeln.[98]

Inklusion ist ein lebhafter Prozess. Die Zielsetzung der Inklusion benötigt eine dauerhafte Reflexion der pädagogischen Fachkräfte über Entwicklungs- und Gruppenprozesse. Sie müssen flexible Lernarrangements entwickeln und ihre Arbeit immer wieder strukturell und inhaltlich an ihre Zielgruppe anpassen. [99]

Hochbegabte Kinder sind gefährdet, durch ihre Andersartigkeit marginalisiert zu werden. Es geht in der inklusiven Arbeit darum, dass pädagogische Fachkräfte aufmerksam auf diese Kinder sind, um ihre besonderen Herausforderungen zu erkennen und die Kompetenzentwicklung zu fördern. Sie sollten dem Gruppengeschehen Impulse geben, um das Ausgrenzen zu verhindern und die Integration zu entwickeln.[100] Die Herausforderung dabei ist, hochbegabte Kinder in der Planung von Bildungsangeboten besonders zu berücksichtigen, sie dadurch aber nicht zu etikettieren.

Um den pädagogischen Alltag mit hochbegabten Kindern unter Anwendung der Bildungsrichtlinien professionell gestalten zu können, wird im eine Handlungsableitung in Bezug auf die Peerbeziehungen, die Erziehungspartnerschaft und die Rolle der pädagogischen Fachkraft zusammengetragen.

---

[95] Vgl. Schlichte-Hiersemenzel, B (2001) S.23-26
[96] Vgl. Gartinger, S et al. (2014) S. 58-68; Vgl. Schlichte-Hiersemenzel, B (2001) S. 23-26
[97] Vgl. Gartinger, S et al. (2014) S. 58-68; Vgl. Schlichte-Hiersemenzel, B (2001) S. 23-26
[98] Vgl. Gartinger, S et al. (2014) S. 58-68
[99] Vgl. Gartinger, S et al. (2014) S. 58-68
[100] Vgl. Schlichte-Hiersemenzel, B (2001) S. 23-26; Preissing, C (2014) S. 17-19

4. Handlungsableitung zur Unterstützung hochbegabter Kinder

4.1. Peerbeziehungen

Jedes Kind braucht für eine gesunde Entwicklung wertschätzende Beziehungen und das Gefühl, anerkannt zu werden, auf Wertschätzung zu treffen und dazuzugehören.[101] Von einer Peerbeziehung wird dann gesprochen, wenn die Kinder ein ähnliches Fertigkeitenniveau aufweisen und Interessen miteinander teilen.[102] Peerbeziehungen sind aus den verschiedensten Gründen für viele hochbegabte Kinder schwierig zu gestalten.[103] Da Kinder mit einer Hochbegabung durch ihre asynchrone Entwicklung ein sehr breit gefächertes Fähigkeiten- und Interessenniveau haben können, benötigen sie dementsprechend verschiedene Peerbeziehungen – eventuell auch unterschiedlichen Alters, um ihre Bedürfnisse befriedigen zu können.[104]

Hochbegabte Kinder haben – genauso wie alle anderen Menschen auch – unterschiedliche Bedürfnisse.[105] Aber allen ist gemein, dass Bildung vertrauensvolle Beziehungen braucht.[106] Die einen fühlen sich in einer einzigen guten Freundschaft wohl und zufrieden. Andere brauchen mehr freundschaftliche Beziehungen.[107] Das ist von grundlegender Bedeutung für das pädagogische Arbeiten, denn es gibt kein allgemeingültiges Rezept, wie viele Peerbeziehungen hochbegabte Kinder brauchen, wie viele notwendig sind, damit sich das Kind ausgeglichen fühlt und seine Talente ausleben kann.

Es ist allerdings bedeutsam, dass pädagogische Fachkräfte einschätzen können, ob ein Kind aus seinem Bedürfnis heraus nur wenig Peerbeziehungen pflegt oder aber andere Ursachen dazu führen, dass es keine Freundschaften knüpfen kann. Beispielsweise kann es tatsächlich sein, dass ein hochbegabtes Kind sich Peerbeziehungen ersehnt. Die Ursache dafür, dass es diesen Wunsch nicht befriedigen kann, stellen manchmal dementsprechend mangelnde Fertigkeiten, die zu einer Entwicklung einer Freundschaft notwendig sind.[108] Diese Fertigkeiten können im Kitaalltag unterstützt und erworben werden.

---

[101] Vgl. Webb, J (2017) S. 277; Vgl. Holling, H (2015) S. 61-62; Vgl. Preissing, C (2014) S. 69; Vgl. Preissing, C (2014) S. 15-16
[102] Vgl. Webb, J (2017) S. 279
[103] Vgl. Webb, J (2017) S. 278
[104] Vgl. Webb, J (2017) S. 279
[105] Vgl. Schlichte-Hiersemenzel, B (2001) S. 9-10
[106] Vgl. Preissing, C (2014) S. 15-16
[107] Vgl. Webb, J (2017) S. 280
[108] Vgl. Webb, J (2017) S. 279

Die Kindertagesstätte ist häufig der erste Ort, an dem die Kinder regelmäßig in einer Kindergruppe agieren und Rückmeldungen über sich bekommen, soziale Interaktion erleben und Verhaltensfertigkeiten beobachten können. Bedeutsame Fertigkeiten, die dazu führen, Freundschaften knüpfen zu können, sind:

- das Lernen von Geduld;
- das Lernen, selbst auch die Initiative ergreifen zu können, um in Kontakt zu treten;
- das Lernen, ein guter Zuhörer sein zu können,
- anderen Kindern Zuwendung schenken zu können,
- Lob und Anerkennung zu empfinden, aber auch geben können,
- eigene Fähigkeiten einsetzen lernen,
- Gewinner und auch mal Verlierer sein zu können

All diese Dimensionen tragen dazu bei, dass hochbegabte Kinder sich in einer Gruppe wahrnehmen und dementsprechend üben, die ersten Schritte einer Freundschaft einzugehen.[109]
Im pädagogischen Alltag ergeben sich diese Lernfelder im Grunde zu jeder Zeit, insbesondere aber im Rollenspiel. In dieser Spielform werden typische Freundschaftssituationen nachgeahmt. Gleichwohl ist das Rollenspiel ein wichtiger Ort, um ein Rollenverständnis zu entwickeln, indem Rollen im sozialen Alltag erkannt und eingenommen werden. Besonders hochbegabte Kinder können davon ausgesprochen gut profitieren, da sie eine außerordentliche Vorstellungsgabe aufweisen.[110]

Pädagogische Fachkräfte können diese Spielform nutzen, um unterstützend zu wirken. Sie haben die Möglichkeit, Verhaltensweisen zu spiegeln. Hochbegabte Kinder analysieren, beobachten und erzielen so ihre Lernerfolge. Auch körpersprachliche Aspekte können im Rollenspiel geübt werden.[111]

Manchmal ist es notwendig, dass pädagogische Fachkräfte im Kitaalltag Strukturen vorgeben, um Peerbeziehungen zu fördern.[112] Beispielsweise zeitliche Rahmenhalter oder aber Lärmbegrenzungen aber auch Spielorteinschränkungen können hilfreich sein.[113] Kinder brauchen Strukturen, die klare Parameter in der Interaktion bilden, um sich zu orientieren und sich an einem sicheren Ort vollständig auf ihre Entwicklungsprozesse konzentrieren zu können.

---

[109] Vgl. Webb, J (2017) S. 279
[110] Vgl. Webb, J (2017) S. 294
[111] Vgl. Webb, J (2017) S. 279
[112] Vgl. Webb, J (2017) S. 303
[113] Vgl. Webb, J (2017) S. 303

Für den Fall, dass ein hochbegabtes Kind Schwierigkeiten hat, Peerbeziehungen einzugehen, weil es in der Interaktion eine kommandierende Anführerposition einnimmt und sich somit andere Kinder abwenden, kann es hilfreich sein, auch hier unterstützend einzugreifen. Pädagogische Fachkräfte könnten eine konkrete Spielsituation aufgreifen und an die Interessen des Kindes anknüpfen. Damit wird eine Basis ermöglicht, auf welcher Nähe zur kindlichen Gedankenwelt geschaffen wird und es dem Kind dementsprechend leichter fällt, zu verstehen. Hochbegabte Kinder, die zu einem kommandierenden Tonfall neigen, tun dies nicht absichtlich. Sie sind in der Regel einfach besonders engagiert und enthusiastisch. Sie brauchen Unterstützung, in dem ihnen gespiegelt wird, dass es wichtig ist, auch die Bedürfnisse der anderen Kinder zu bemerken. Sie müssen lernen, Kompromisse einzugehen und dass andere Kinder ihre Ideen dementsprechend ebenfalls einbringen dürfen. Hochbegabte Kinder, die aus dem Grund Schwierigkeiten haben, Peerbeziehungen aufzubauen, können sich in Teamarbeit ausprobieren und lernen, wechselnde Führungsrollen einzunehmen. [114]

Sehr wichtig für eine gesunde Entwicklung hochbegabter Kinder, aber auch für das Erlernen von Fertigkeiten zur Bildung von Peerbeziehungen ist es, dass pädagogische Fachkräfte den Kindern zu jeder Zeit das Gefühl geben, dass sie wertvoll sind, so wie sie sind.[115]

In diesem Kapitel ging es um die Peerbeziehungen, die hochbegabte Kinder in direktem Zusammenhang unterstützen können. Im nächsten Kapitel wird es um die Erziehungspartnerschaft gehen, welche ebenfalls eine Form der Unterstützung bilden kann.

4.2. Erziehungspartnerschaft

Die Erziehungspartnerschaft ist ein Konzept, was bedeutet, dass die Familie und die Kindertagesstätte als Institutionen gemeinsam die Verantwortung für die Erziehung und die Entwicklung der Kinder tragen. Dabei entsteht ein sogenanntes Bündnis – also eine Partnerschaft, welche ähnliche Ziele verfolgt und gleichberechtigt das Wohl des Kindes im Mittelpunkt sieht.[116]

Die Erziehungspartnerschaft findet in einem dynamischen Kommunikationsprozess Anklang. Pädagogische Fachkräfte und Familien handeln mit gegenseitiger Transparenz, gehen in den

---

[114] Vgl. Webb, J (2017) S. 279
[115] Vgl. Preissing, C (2014) S. 15-16 und S. 69
[116] Sozialgesetzbuch – Achtes Buch – Kinder- und Jugendhilfe - § 22 SGB VIII Grundsätze der Förderung (2017) Link: https://www.sozialgesetzbuch-sgb.de/sgbviii/22.html; Vgl. Preissing, C (2014) S. 49-53

regelmäßigen Austausch über Erziehungsziele, -vorstellungen und -praktiken und alltägliche Informationen. Die Familien und die Fachkräfte bemühen sich darum, den Erziehungsprozess gemeinsam zu gestalten, miteinander zu kooperieren und das Kind in seiner Gänze zu unterstützen.[117]

Das bedeutet in Bezug auf die Erziehungspartnerschaft, welche sich um hochbegabte Kinder dreht, dass pädagogische Fachkräfte und Familien gemeinsam daran arbeiten, die Begabungen des Kindes zu fördern, interdisziplinär zu arbeiten und mögliche Schwierigkeiten des Kindes auffangen können. Die kindliche Entwicklung kann nur dann gut begleitet werden, wenn sich die Anregungen der verschiedenen Lernumgebungen aufeinander beziehen und ergänzen. Dafür ist ein Austausch über das Interessensspektrum des Kindes notwendig.[118] Es kann durchaus sein, dass hochbegabte Kinder in verschiedenen Situationen unterschiedliche Verhaltensweisen zeigen. Dementsprechend ist es auch bezugnehmend auf diese Thematik wichtig, in Kontakt zu treten, um Erfahrungen auszutauschen. So kann ein bestehendes Bild vom Kind erweitert oder korrigiert werden.[119]

Für den Fall, dass die Hochbegabung bereits gesichert ist, kann direkt gemeinsam daran gearbeitet werden, dem hochbegabten Kind Möglichkeiten zu bieten, seine Begabungen zu entfalten. Dies kann in einem Entwicklungsgespräch gemeinsam mithilfe eines Förderplans gestaltet werden. Es werden die Interessen des Kindes zusammengetragen. Es können mögliche externe Förderangebote wahrgenommen werden – beispielsweise mit einer Musikschule, einem Sportverein oder einer Grundschule. Diesbezüglich sind regelmäßige interdisziplinäre Austauschgespräche unerlässlich, um den Entwicklungsstand des Kindes zu besprechen und eventuelle Änderungen vornehmen zu können. Besprechbare Themen wären tatsächlich auch die frühzeitige Transition in die Schule und die Gestaltung dessen.

Für den Fall, dass bisher nur der Verdacht einer Hochbegabung besteht, kann ein gemeinsamer Austausch mit den Eltern stattfinden, indem alle Indizien für eine Hochbegabung gesammelt werden. Dementsprechend wird dann eine weitere Diagnostik bei einem Kinderpsychologen veranlasst. In Folge dessen kann dann die weitere Förderung geplant werden.[120]

Sehr bedeutsam in der Erziehungspartnerschaft ist auch, dass Familien und pädagogische Fachkräfte voneinander profitieren können. Eltern können Unsicherheiten und Ängste

---

[117] Vgl. Sozialgesetzbuch (2017); Vgl. Preissing, C (2014) S. 49-53
[118] Vgl. Holling, H (2017) S.86; Vgl. Preissing, C (2014) S. 49-53
[119] Vgl. Holling, H (2017) S.86; Vgl. Preissing, C (2014) S. 49-53
[120] Vgl. Holling, H (2017) S.86; Vgl. Preckel, F et al. (2014) S. 39 und S.47-49

genommen werden, indem eine Transparenz bezüglich entwicklungspsychologischen und pädagogischen Fachwissen eingeräumt wird. Oft hilft es den Eltern, informiert zu werden, Gespräche führen zu können regelmäßig Updates über ihr Kind und seine Lernfortschritte zu bekommen.[121]

Für den Fall, dass Eltern Hilfe in der Ausgestaltung ihrer Elternrolle benötigen, können pädagogische Fachkräfte auch hier beratend wirken. Es kann erleichternd sein, wenn sich Eltern ihrer Rollen und Ziele bewusstwerden und ihr hochbegabtes Kind im Familienleben besser unterstützen können.[122]

Trotz aller Vorteile der Erziehungspartnerschaft ist besonders wichtig, dass pädagogische Fachkräfte ihre Grenzen deutlich formulieren. Im pädagogischen Alltag werden keine Diagnosen gestellt und keine psychotherapeutischen oder ergotherapeutischen Behandlungen durchgeführt. Pädagogische Fachkräfte sollten den Eltern diesbezüglich Möglichkeiten zur Beratung aufzeigen.

Die in diesem Kapitel erläuterte Erziehungspartnerschaft bildet gemeinsam mit den Peerbeziehungen eine wichtige Basis für die Unterstützung hochbegabter Kinder. Die dritte Säule der professionellen Begleitung ist die Rolle der pädagogischen Fachkraft, um welche sich das nächste Kapitel drehen wird.

4.3. Rolle der pädagogischen Fachkraft

Pädagogische Fachkräfte verfügen bezugnehmend auf ihre Ausbildung und ihre Berufserfahrung über ausreichend einsetzbares Wissen und benötigen daher nicht zwingend eine Zusatzqualifikation, um hochbegabte Kinder adäquat in ihrer Entwicklung begleiten zu können.[123]

Die bedeutsamste Rolle, welche die pädagogischen Fachkräfte in diesem Prozess einnehmen, ist die der vertrauensvollen Bezugsperson. Sie bestärken die Kinder in ihrer Persönlichkeit, geben ihnen das Gefühl, wertvoll zu sein, sind stabile Begleiter.[124]

---

[121] Vgl. Sozialgesetzbuch (2017)
[122] Vgl. Preissing, C (2014) S. 49-53
[123] Vgl. Holling, H (2017) S.73-79
[124] Vgl. Holling, H (2017) S.73-79; Schelle, Regine: Die Bedeutung der Fachkraft im frühkindlichen Bildungsprozess – Didaktik im Elementarbereich (2011), Henrich Druck + Medien GmbH, S.17-22
Link:
https://www.weiterbildungsinitiative.de/uploads/media/WiFF_Expertise_18_Schelle_Internet_PDF.pdf

Über diese Rolle hinaus übernehmen pädagogische Fachkräfte auch die Position des Vermittlers zwischen den Kindern ein. Sie wirken impulsgebend, agieren in Auseinandersetzungen schlichtend und initiieren bedarfsgerecht themenspezifische Angebote für die Kindergruppe.[125] Sie vermitteln den Kindern mit einer Hochbegabung, dass andere Kinder anders denken und sich anders ausdrücken. Gemeinsam in der Gruppe leben sie nach dem Modell der Inklusion – alle Persönlichkeiten sind wertvoll – alle gemeinsam können voneinander profitieren. Gerade auch weil die Kindergruppen meist heterogenen Alters aufgebaut sind, sodass jüngere hochbegabte Kinder eventuell von den Vorschülern profitieren und dort Anschluss finden können.

Währenddessen nimmt die pädagogische Fachkraft eine Vorbildrolle ein, indem sie Werte und Normen, Sozialkompetenzen und Streitkultur an die Kinder unterschiedlichen Alters, verschiedener Kulturen und mit den Bedingungen unterschiedlicher individueller Voraussetzungen in ihrer allgemeinen Persönlichkeitsentwicklung vermittelt.[126]

Des Weiteren nehmen pädagogische Fachkräfte die Rolle des Begleiters ein. Sie tragen die Verantwortung für gelingende Erkundungs- und Lernprozesse. Hochbegabte Kinder haben ein großes Bedürfnis nach Wissen.[127] Dieses Bedürfnis sollte von der pädagogischen Fachkraft mit in den Kitaalltag integriert werden. Sie kann den Kindern vermitteln, dass sie selbstwirksam Antworten auf ihre Fragen finden können, indem sie gemeinsam mit ihnen verschiedene Mittel ausprobiert. Beispielsweise eine Versuchsreihe in der Natur, oder aber das Heranziehen von Fachliteratur, das Befragen von Experten oder das Besuchen von Museen.

Eine dementsprechend ebenso wichtige Rolle der pädagogischen Fachkraft ist es, den Kindern Mut zu machen, eigenes Wissen und eigene Fähigkeiten anzuwenden und Gedanken zu äußern, auch wenn sie kritisch sind.[128] Hochbegabte Kinder sollen sich nicht anpassen. Im Gegenteil, sie dürfen ihre Begabungen genauso ausleben, wie alle anderen Kinder es dürfen. Darin sollen sie bestärkt werden.

Im pädagogischen Alltag sollte die Fachkraft allerdings auch die Rolle der Beraterin für Eltern einnehmen.[129] Viele Eltern haben den Wunsch, entwicklunsspezifisches Wissen und den sich daraus ergebenden Förderbedarf zu erfahren. Informative Gespräche über bestehende Fördermöglichkeiten, Beratungsstellen, Kooperationen mit interdisziplinären Fachleuten sind unumgängliche Themen.

---

[125] Vgl. Holling, H (2017) S. 73-79; Vgl. Schelle, R (2011) S. 17-22
[126] Vgl. Holling, H (2017) S. 73-79; Vgl. Schelle, R (2011) S. 17-22
[127] Vgl. Holling, H (2017) S. 73-79; Vgl. Schelle, R (2011) S. 17-22
[128] Vgl. Holling, H (2017) S. 73-79; Vgl. Schelle, R (2011) S. 17-22
[129] Vgl. Holling, H (2017) S. 73-79; Vgl. Schelle, R (2011) S. 17-22

Aber auch kindzentrierte Beobachtungen und Entwicklungsschritte müssen mit den Eltern geteilt werden. Nur so kann effektiv gemeinsam zum Wohl des Kindes gearbeitet werden.

Darüber hinaus sollte die pädagogische Fachkraft didaktisches Planungswissen für etwaige Angebote aufweisen. Sie sollte ihre pädagogischen Angebote an den Interessen, Entwicklungsständen und Bedürfnissen der Kinder orientieren und sich gegebenenfalls um ein Netzwerk mit Fachkräften in Bezug auf die Förderung, die Partizipation und die Integration von hochbegabten Kindern bemühen.[130]

Eine begabungsfreundliche Haltung und das Berücksichtigen der Individualität der Kinder ist eine absolut unabdingbare Grundhaltung für die Arbeit mit hochbegabten Kindern.[131] Dabei ist es wichtig, ihr tägliches Agieren auszubalancieren zwischen einer aktiven und passiven Rolle – beziehungsweise eine begleitenden und instruierenden Rolle. Kontraproduktiv wäre, wenn die pädagogische Fachkraft in der Interaktion mit hochbegabten Kindern vorgefertigte Meinungen, Strukturen und Modelle anwendet. Vielmehr geht es darum, dass die Kinder durch ihren natürlichen Spielinstinkt lernen und dabei lediglich begleitende Unterstützung erfahren.

Eine weitere Rolle der pädagogischen Fachkraft stellt die Aufgabe der Beobachtung, der Dokumentation und der stetigen Weiterbildung dar. Tatsächlich ist es von enormer Bedeutung, regelmäßig fundiert zu beobachten und zu dokumentieren.[132] Einmal, um die Daten für eine eventuell bevorstehende Hochbegabungsdiagnostik zu sammeln – zum anderen, um den Entwicklungsverlauf des Kindes adäquat zu dokumentieren und dementsprechend auch interdisziplinär zur Verfügung stellen zu können.

Essentiell für die pädagogische Fachkraft selbst ist es, sich regelmäßig zu reflektieren.[133] Sie sollte sich bewusst über eigene Erwartungen, eigenes Handeln und gesellschaftliche Vorstellungen sein. Es ist bedeutsam, dass sie sich ihren verschiedenen Rollen bewusst ist und ein Rollenverständnis dafür entwickelt, wann welche Rolle im Vordergrund steht.

Zusammenfassend ist wichtig zu erwähnen, dass zu jedem Zeitpunkt das Bedürfnis nach Ruhe und Langeweile des hochbegabten Kindes akzeptiert und eingeräumt werden sollte. Hochbegabte Kinder gilt es nicht, mit Angeboten und Wissensinput zu überschütten. Es geht um eine bedarfs- und bedürfnisgerechte Entwicklung.

---

[130] Vgl. Holling, H (2017) S. 73-79; Vgl. Schelle, R (2011) S. 17-22
[131] Vgl. Holling, H (2017) S. 73-79; Vgl. Schelle, R (2011) S. 17-22
[132] Vgl. Holling, H (2017) S. 73-79; Koeppel, Gisela: Didaktische Grundlagen der Arbeit von ElementarpädagogInnen (2012), Handreichungen zum Berufseinstieg von Elementar- und KindheitspädagogInnen, Heft B04, S. 14 Link: https://www.fruehpaedagogik.uni-bremen.de/handreichungen/B04Didaktische_Grundlagen(GK).pdf
[133] Vgl. Holling, H (2017) S. 73-79; Vgl. Schelle, R (2011) S. 17-22

Die Bedeutsamkeit einer gelingenden Erziehungspartnerschaft, unterstützenden Peerbeziehungen und der Rolle der pädagogischen Fachkraft wurden in diesen Kapiteln eingehend erläutert.

Im Folgenden werden kurz die didaktischen Grundsätze skizziert, um dann ein konkretes praktisches Bildungsangebot abzuleiten.

4.4. Didaktisches Handeln

Um ein pädagogisch wertvolles Bildungsangebot entwickeln zu können, sollte das didaktische Handeln der Pädagogik als Leitfaden genutzt werden. Es stellt eine qualitative Struktur zur Planung und Umsetzung von Lernarrangements dar.[134] Während der Planung eines Bildungsangebotes sollte sich die pädagogische Fachkraft folgende Fragen stellen:

1. Wer?
   - Wer ist die Zielgruppe für das Bildungsangebot?
   - Wie gestaltet sich der IST-Zustand der Lernenden?
   - Welche Interessen, Kompetenzen, Erfahrungen und möglichen Schwierigkeiten können bestehen?[135]

2. Was?
   - Welche Lerninhalte sollen durch das Bildungsangebot vermittelt werden?[136]

3. Wie?
   - Wie werden die festgelegten Inhalte lernmethodisch sinnvoll vermittelt?
   - Welche Materialien sind dafür notwendig?
   - Wie sollte die Struktur des Bildungsangebots gestaltet werden?[137]

4. Wozu?
   - Welche Zielsetzung wird angestrebt?[138]

---

[134] Vgl. Gartinger, S et al. (2014) S. 58
[135] Vgl. Gartinger, S et al. (2014) S. 58
[136] Vgl. Gartinger, S et al. (2014) S. 58
[137] Vgl. Gartinger, S et al. (2014) S. 58
[138] Vgl. Gartinger, S et al. (2014) S. 58

5. Wann?

- Wie sieht der zeitliche Rahmen aus?
- Gibt es einzelne Bildungseinheiten im Rahmen eines Projekts?
- Wie lang sollte eine Bildungseinheit dauern?[139]

6. Wo?

- Wo soll das Bildungsangebot stattfinden [140]

Um die pädagogische Qualität des Bildungsangebots sichern zu können, ist es bedeutsam, dass die pädagogische Fachkraft das Bildungsangebot nach den didaktischen Prinzipien aufbaut. [141]

1. Prinzip der Freiwilligkeit [142]
   - Pädagogische Fachkräfte setzen Impulse für die Lernenden, begleiten und unterstützen Lernprozesse
   - Die Entscheidung, zu lernen, treffen Kinder und Jugendliche aber auf freiwilliger Basis
2. Prinzip der Zielgruppenorientierung [143]
   - Es besteht eine entwicklungsangemessene, bedürfnisgerechte und zielgruppenorientierte Planung
3. Prinzip der Teilschritte [144]
   - Das Lernarrangement ist in Teilschritte gegliedert, damit die Möglichkeit besteht, Lerninhalte zu wiederholen
   - Der Schwierigkeitsgrad wird an die Zielgruppe angepasst
4. Prinzip der Selbsttätigkeit [145]
   - Kinder und Jugendliche werden selbst aktiv
   - Sie setzen sich selbstwirksam mit ihrer Umwelt, Problemen und Lösungsansätzen auseinander
   - Erfolge tragen zum Selbstbewusstsein bei und werden so besser im Gedächtnis gespeichert

---

[139] Vgl. Gartinger, S et al. (2014) S. 58
[140] Vgl. Gartinger, S et al. (2014) S. 58
[141] Vgl. Gartinger, S et al. (2014) S. 63-65
[142] Vgl. Gartinger, S et al. (2014) S. 63-65
[143] Vgl. Gartinger, S et al. (2014) S. 63-65
[144] Vgl. Gartinger, S et al. (2014) S. 63-65
[145] Vgl. Gartinger, S et al. (2014) S. 63-65

5. Prinzip der Partizipation [146]
   - Kinder und Jugendliche übernehmen altersentsprechende Verantwortung und werden in Prozesse mit einbezogen
   - Sie dürfen mitbestimmen und selbstwirksam Entscheidungen treffen

6. Prinzip der Anschaulichkeit [147]
   - Kinder lernen mit allen Sinnen, daher sollten in Bildungsangeboten so viele Sinne wie möglich angesprochen werden
   - Lernmaterialien sollten darauf ausgerichtet und sinnvoll eingesetzt werden

7. Prinzip der Lebensnähe [148]
   - Pädagogische Fachkräfte orientieren sich mit der Gestaltung und Themenfindung an den Lebenswelten der Kinder
   - Lernarrangements sind alltagsnah und haben Bezugspunkte zu den Erfahrungen der Kinder, die sie verknüpfen und anwenden können

In diesem Kapitel ist der fachliche Hintergrund für eine gelingende Bildungsarbeit gelegt und daraus wird im Folgenden ein Bildungsangebot dargestellt, welches das didaktische Handeln berücksichtigt.

4.5. Bildungsangebot

Lernprozesse sind immer eng mit der körperlichen und geistigen Bewegung verknüpft. Bewegung ist unerlässlich für kognitive, sozial-emotionale und sprachliche Entwicklungsprozesse.[149] Aus diesem Grund hat die pädagogische Fachkraft das Bildungsangebot auf Basis des Berliner Bildungsprogramms am Bildungsbereich Gesundheit orientiert.[150] Die pädagogische Fachkraft hat das Lernarrangement geschlossen geplant. Das heißt, sie legt das Lernziel vorher fest und wählt eine passende Methode dazu aus.[151]

4.5.1 Durchführung

Wer? [152]

Die Kindergruppe, in welcher das Bildungsangebot stattfinden soll, ist eine heterogene Gruppe, die aus zehn Kindern im Alter von zwei bis sechs Jahren besteht. Die Basis bezüglich

---

[146] Vgl. Gartinger, S et al. (2014) S. 63-65
[147] Vgl. Gartinger, S et al. (2014) S. 63-65
[148] Vgl. Gartinger, S et al. (2014) S. 63-65
[149] Vgl. Preissing, C (2014) S. 69
[150] Vgl. Preissing, C (2014) S. 69
[151] Vgl. Gartinger, S et al. (2014) S. 60-61
[152] Vgl. Gartinger, S et al. (2014) S. 58

der Kompetenzen für ein Bildungsangebot ist daher buntgemischt. Die Kinder befinden sich auf unterschiedlichen sprachlichen, motorischen, sozial-emotionalen und kognitiven Entwicklungsstufen.

Die jüngeren Kinder zeigen derzeit ein besonderes motorisches Interesse. Sie lernen ihren Körper kennen, üben sich in Raumorientierung, Gleichgewicht und Koordination, aber auch neue Bewegungsabläufe sind von großem Interesse.

Die älteren Kinder agieren derzeit stark im Rollenspiel. Soziales Interagieren ist ein großes Thema. Es werden Konflikte ausgetragen, Beziehungen ausgefochten, Rollen entdeckt und eine kleine Gruppenbildung ist zu erkennen. Zwei Lager bilden sich, die immer wieder in Streit geraten.

Ella bringt eine Besonderheit mit, die während des Bildungsangebotes ebenfalls berücksichtigt werden muss. Ihre Hochbegabung wurde vor einiger Zeit festgestellt und besondere Begabungen zeichnen sich vor allem in verbalen Fähigkeiten und ihrer Kreativität aus. Entwicklungsdefizite zeichnen sich in ihren Sozialkompetenzen ab. Ella isoliert sich häufig, traut sich kaum, mit anderen Kindern in Kontakt zu treten, weil sie ein sehr schüchternes, zurückgezogenes Kind mit fehlendem Selbstbewusstsein ist.

Wo? [153]

Das Lernarrangement soll im Sportraum der Kindertagesstätte stattfinden. Die Materialien, die dort benötigt werden, sind eine Bank, drei Reifen, eine blaue Matte und eine Höhle aus vier Bänken und zwei Decken.

Was? [154]

Die geschlossene Angebotsplanung sieht vor, dass die pädagogische Fachkraft die Kindergruppe in das Bildungsangebot einführt und sich als kompetentere Person versteht.[155] In diesem Kontext lässt sie jedoch teiloffene Freiräume für individuelle Lernwege und Ideen der Kinder. Sie sollen nicht zu stark eingeschränkt sein, um in der sozialen Interaktion eigene kreative Ideen zu entwickeln und auszuprobieren.[156]

In der *Einleitungsphase* sitzen die Kinder im Kreis und die pädagogische Fachkraft erzählt eine Geschichte von einer Löwenfamilie, die auf Reisen war und nun den beschwerlichen Weg nach Hause antreten wird. Es geht zuerst über eine große, lange Düne in der Wüste (die

---

[153] Vgl. Gartinger, S et al. (2014) S. 58
[154] Vgl. Gartinger, S et al. (2014) S. 58
[155] Vgl. Gartinger S et al. (2014) S. 60-61
[156] Vgl. Gartinger S et al. (2014) S. 60-61

Bank). Rechts und links geht es tief herunter. Die älteren Löwen versuchen, zu balancieren und helfen den mutigen Löwenkindern, die genug Mut aufbringen, das auch zu versuchen. Die Löwenkinder, die sich nicht trauen, schaffen es, indem sie über die Bank kriechen.

Die nächste Station auf der Heimreise der Löwenfamilie ist ein Sumpf. Drei Reifen liegen auf dem Boden und die Löwenkinder müssen schnell hindurch hüpfen, um nicht steckenzubleiben.

Durch das tiefe Wasser (die blaue Matte) schwimmen die Löwen, um dann am Ende alle gemeinsam in ihre Löwenhöhle zu kriechen und sicher im Zuhause anzukommen.
In der *Arbeitsphase* besteht die Aufgabe für die Kindergruppe darin, gemeinsam diesen Hindernisparcours als Löwenfamilie zu überqueren, damit alle sicher im Ziel ankommen.

Die Aufgabe der pädagogischen Fachkraft ist es, die Kinder zu beobachten und den Ablauf zu dokumentieren.[157] Für die Dokumentation nutzt sie die Videografie. In einer Ecke des Raumes ist eine Kamera auf einem Stativ aufgestellt. Anschließend an das Bildungsangebot besteht dann die Möglichkeit, die Prozesse auszuwerten.

Des Weiteren sollte die pädagogische Fachkraft als Vorbild fungieren, zur Anschaulichkeit den Hindernisparcours vormachen.[158] Sollte es während des Angebots zwischen den älteren Kindern entgegen der Erwartungen wieder zu Streitigkeiten kommen, sollte die pädagogische Fachkraft die Streitkultur lenken, schlichtend agieren und flexibel auf die Bedürfnisse der Gruppe eingehen.

Für die Kinder, die besondere Defizite in ihrer Sozialkompetenz aufweisen, sich vielleicht nicht trauen, mitzumachen, ist es wichtig, dass die pädagogische Fachkraft ermutigend beisteht und als Vertrauensperson verfügbar bleibt. Kein Kind wird gezwungen, aber vielleicht ist es möglich, dass die mutigen Löwenkinder die ängstlichen Löwenkinder unterstützen.

Die anfangs geschlossen geplante Bildungsaktivität sollte aber flexibel von der pädagogischen Fachkraft betrachtet werden. Wenn im Rahmen des sozialen Prozesses Kinder ganz andere Möglichkeiten entdecken, die Hindernisse zu überqueren, ist das ein wichtiger Lernprozess, der nicht unterbrochen werden sollte.
In der *Abschlussphase* treffen sich alle Kinder im Ziel – im Zuhause der Löwen – der Löwenhöhle. Die pädagogische Fachkraft hält ein Säckchen in der Hand und erzählt, was ihr besonders Spaß gemacht und welches Hindernis sie am liebsten überquert hat. Das Säckchen

---

[157] Vgl. Koeppel, G (2012) S. 14
[158] Vgl. Holling, H (2017) S. 73-79

wird jedem Kind zugeworfen, das ebenfalls seine Erfahrungen teilen möchte. Nachdem alle Kinder Raum hatten, ihre Gedanken zu äußern, greift die pädagogische Fachkraft nochmals die Geschichte mit der Löwenfamilie auf. Sie erzählt, dass die Kinder genauso zusammengehalten, sich gegenseitig geholfen und Mut gemacht haben, voneinander lernen konnten und alle gemeinsam ins Ziel gekommen sind.

Wozu?[159]

Ziel des Bildungsangebotes ist es, eine inklusive Arbeit zu leisten, die die sozialen und motorischen Entwicklungsprozesse der Kindergruppe berücksichtigt.

Es wird angestrebt, dass die Kinder im Bereich der sozialen Kompetenz[160] eine neue Gruppenkonstellation und Teamarbeit erleben, sich absprechen, achtsam mit den Stärken und Schwächen ihrer Teamkinder umgehen, sich gegenseitig zuhören, voneinander profitieren und geduldig miteinander sind. Die ständigen Streitigkeiten der älteren Kinder im pädagogischen Alltag sollen durch neue motorische Impulse und eine andere Gruppendynamik entzerrt werden. Sozial schüchterne Kinder sollen ebenfalls neue Erfahrungen sammeln können, sich dazugehörig fühlen, Gemeinschaft erleben und sich trauen, mitzumachen.

Die Kinder machen positive Erfahrungen im Bereich der personalen Kompetenz.[161] Sie trauen sich, Kontakt untereinander aufzunehmen, als Teil der Gruppe Wirksamkeit zu erleben, mit ihrem Körper bewusst Bewegungsabläufe zu erzielen und durch die Geschichte der Löwenfamilie, die nach Hause finden möchte, ein Zugehörigkeitsgefühl in der Kindergruppe zu empfinden. Auch die Anstrengungsbereitschaft und die Ausdauer der Kinder wird gefördert.

Die älteren Kinder unterstützen jüngere Kinder, bemerken, dass sie Kompetenzen haben, mit denen sie anderen helfen und Vorbild sein können. Die jüngeren Kinder profitieren ebenso, sie schauen sich Handlungsstrategien ab.

Lernmethodische Kompetenzen[162] werden auch gefordert. Schüchterne Kinder probieren eventuell neue, andere Verhaltensweisen, wie sie auf Kinder zugehen, wie sie sich in der Interaktion zeigen und wie sie sich als Teil der Gruppe einbringen können. Sie machen die Erfahrung, dass es eventuell leichter ist, sich den anderen Kindern zuzuwenden, wenn sie gemeinsam ein Spiel spielen und motorisch aktiv werden.

---

[159] Vgl. Gartinger, S et al. (2014) S.58
[160] Merkel, Johannes: Das Kita-Handbuch – Bildungsbereiche und Kompetenzen: Welche Themen sollen in der Bildungsarbeit berücksichtigt, welche Fähigkeiten angeregt werden? (2015) Link: https://www.kindergartenpaedagogik.de/1629.html
[161] Vgl. Merkel, J (2015)
[162] Vgl. Merkel, J (2015)

Sachkompetenzen[163] sind die Raumwahrnehmung, die Beschaffenheit der Hindernisse und der Kraftaufwand beziehungsweise der Bewegungsablauf, die Balance und das Geschick, um ein erfolgreiches Überqueren möglich zu machen.

In diesem Bildungsangebot geht es explizit um den Prozess der Inklusion. Kein Kind wird separiert. Die Fähigkeiten der Kinder sind so vielfältig, dass gerade diese Mischung eine Basis für die gesetzten Lernprozesse bildet. Die Heterogenität in dieser Kindergruppe ist eine große Chance, die unterschiedlichen Entwicklungsstufen für ein gemeinsames Lernen zu nutzen.[164] Das hochbegabte Kind Ella, die älteren Kinder mit ihrer angespannten Beziehungsdynamik und die jüngeren Kinder mit ihrem großen Interesse für Bewegung werden mit ihren Begabungen und Schwächen unterstützt und gefördert. Die Gruppeninteraktion und -zugehörigkeit unabhängig von Entwicklungsvoraussetzungen und Bedürfnissen bekommt durch dieses Bildungsangebot eine neue Ebene.[165]

Das Bildungsangebot hat keinen Wettkampfcharakter. Es geht nicht darum, sich zu messen. In der Impulsgeschichte über die Löwenfamilie wird deutlich, dass es darum geht, gemeinsam die Hindernisse zu überqueren und ins Ziel zu kommen.

Im nächsten Kapitel wird kurz der Bezug zwischen den theoretischen didaktischen Prinzipien und dem praktischen Beispiel skizziert.

4.5.2 Didaktische Prinzipien

Das didaktische Prinzip der **Selbsttätigkeit**[166] besteht in dem Bildungsangebot darin, dass die Kinder eigenständig Bewegungsabläufe testen, um erfolgreich Hindernisse zu überqueren. Das Prinzip der **Lebensnähe**[167] besteht darin, dass die pädagogische Fachkraft vor der Planung den IST-Zustand der Gruppe beobachtet und festgestellt hat, dass der momentane Schwerpunkt auf der sozial-emotionalen Entwicklung und motorischen Fertigkeiten liegt. Das Prinzip der **Teilschritte**[168] ist ebenfalls bedacht. Das Bildungsangebot ist in eine Einleitungsphase, einen Hauptteil und eine Abschlussphase gegliedert. Das Prinzip der

---

[163] Vgl. Merkel, J (2015)
[164] Vgl. Preissing, C (2014) S. 17-19 Vgl. Gartinger, S et al. (2014) S. 58-68; Vgl. Schlichte-Hiersemenzel, B (2001) S. 23-26
[165] Vgl. Preissing, C (2014) S. 17-19
[166] Vgl. Gartinger, S et al. (2014) S. 63-65
[167] Vgl. Gartinger, S et al. (2014) S. 63-65
[168] Vgl. Gartinger, S et al. (2014) S. 63-65

Partizipation[169] ist ebenfalls gegeben, weil die Kinder altersangemessen partizipativ agieren können.

Das Prinzip der **Freiwilligkeit**[170] ist gegeben, kein Kind wird gezwungen.

In Rahmen des Bildungsangebotes ist das didaktische Prinzip der **Zielgruppenorientierung**[171] vorhanden, weil das Bildungsangebot altersangemessen gestaltet ist und die Kinder vorher das Interesse an Bewegung und das Bedürfnis sozialer Interaktion gezeigt haben.

Dieses Arrangement bietet den Nährboden für das didaktische Prinzip der **Anschaulichkeit.**[172] Die pädagogische Fachkraft kommt ihrer Vorbildfunktion nach und veranschaulicht mögliche Formen der Überquerung der Hindernisse. Die Kinder bekommen die Möglichkeit, mit sensomotorisch integrativ zu lernen. Sie sehen ihre Umgebung und die Materialien, sie berühren die Hindernisse, sie hören ihre Teamkinder, gehen in den Austausch.

Im folgenden Kapitel wird das Ergebnis des Bildungsangebots beschrieben und der Ablauf ausgewertet.

4.5.3. Auswertung

Ziel des Bildungsangebotes war es, eine zielgruppenorientierte, entwicklungsangemessene, inklusive pädagogische Arbeit zu leisten, in der die Kinder, egal welchen Alters, mit all ihren Stärken und Schwächen gesehen werden, Gemeinsamkeit erleben und zusammen soziale Erfolge für sich verzeichnen. Dank der Videografie kann die pädagogische Fachkraft auswerten, wie sich der Ablauf dieses Bildungsangebots auf die Kindergruppe ausgewirkt hat.

Ella hatte im Rahmen dieses Bildungsangebots die Möglichkeit, im Raum mit den anderen Kindern zu interagieren, soziale Interaktion zu beobachten und vom Agieren der anderen Kinder zu profitieren. Der Fokus lag hier nicht auf Ellas besonderer Begabungsförderung, sondern vielmehr darin, dass Ella durch ihre verbale und motorische Fähigkeit in Interaktion mit anderen Kindern ins Handeln kommt. Sie hatte auf diese Weise die Möglichkeit, ihre schwachen sozialen Kompetenzen auszubauen und Erfolgserlebnisse, Selbstwirksamkeit und Mut in Gemeinschaft zu erleben.

---

[169] Vgl. Gartinger, S et al. (2014) S. 63-65
[170] Vgl. Gartinger, S et al. (2014) S. 63-65
[171] Vgl. Gartinger, S et al. (2014) S. 63-65
[172] Vgl. Gartinger, S et al. (2014) S. 63-65

Die jüngeren Kinder der Gruppe profitierten von den Bewegungsabläufen und neuen Bewegungsabfolgen, die sie von den älteren Kindern imitieren oder auch selbst entdecken konnten.

Die angespannte soziale Situation zwischen den älteren Kindern konnte durch neue motorische Impulse und den Einbezug aller Kinder entzerrt werden. Das Erreichen des Ziels als Gemeinschaft hat dazu geführt, dass die Kinder achtsamer auf einander zugehen und den Wert der gemeinsamen Stärke neu erfahren.

Eine professionelle Gestaltung solcher Bildungsangebote ist unerlässlich im Rahmen der pädagogischen Arbeit mit der Vielfalt an Persönlichkeiten, die gefordert und gefördert werden möchten.

Nun sind Theorie und Praxis der Facharbeit detailliert erörtert worden. Im nächsten Kapitel wird ein umfassendes Fazit dargestellt.

5. Fazit

Die zentrale Frage dieser Facharbeit lautete, wie der pädagogische Alltag mit hochbegabten Kindern gelingen kann. Die vorangestellte Wissensvermittlung über die Hochbegabung stellt im Verlauf der Arbeit eine fundierte Basis dar, die unerlässlich für die Erörterung verschiedener Ansätze für den pädagogischen Alltag ist. Die Konkretisierung und Differenzierung der grundlegenden Diagnostik, des Rollenverständnisses von Eltern, pädagogischen Fachkräften und Kindern, bis hin zu resilienten Grundsätzen und den Merkmalen hochbegabter Kinder ermöglicht Pädagoginnen und Pädagogen die Begleitung der hochbegabten Kinder professionell und wertvoll zu gestalten.

Im Rahmen meiner Facharbeit konnte ich sehr detaillierte Bezüge zwischen Theorie und Praxis herstellen. Ich habe mich dem großen Ziel gewidmet, einen gelingenden Wissens- und Handlungsleitfaden für den Alltag in einer Kindertageseinrichtung zu erstellen.

In diesem Prozess hat sich herauskristallisiert, dass drei Instanzen unerlässlich für die Professionalität sind – nämlich das hochbegabte Kind selbst, die Eltern und die pädagogische Fachkraft sowie die Kindergruppe. Aufbauend auf diesen drei Instanzen ist mit Blick auf meine Frage deutlich geworden, dass die Begleitung und Förderung hochbegabter Kinder ganz individuell gestaltet werden sollte. Es ist essentiell, basierend auf dem zusammengetragenen Wissen, eine inklusive und partizipative pädagogische Arbeit zu leisten und jedes Kind in seiner Individualität wertzuschätzen und zu begleiten.

Das Grundgesetz in Deutschland formuliert das Recht auf eine individuelle, freie Entwicklung der Persönlichkeit. Jedes Kind hat das Recht auf eine Förderung, die ihm dazu verhilft, eigene Fähigkeiten zu entdecken und weiterzuentwickeln. Die Förderung für hochbegabte Kinder ist kein allgemeingültiges Schema, das im pädagogischen Alltag angewendet werden kann. Es geht vielmehr darum, ein Gleichgewicht zwischen Entwicklungspotentialen und -bedürfnissen und Entwicklungsanforderungen und -angeboten zu gestalten, dass individuell auf das Kind abgestimmt wird.

Ich habe versucht, ein solides Fachwissen zusammenzutragen, um das Denken über hochbegabte Kinder zu reflektieren. Es gilt, ihnen dazu zu verhelfen, ihren eigenen Schatz in sich zu entdecken. Gleichzeitig aber den Fokus auch hin zu Schwächen der Kinder zu lenken, sie zu erkennen und adäquat auf ihrem Lernprozess zu begleiten.

Nach meiner ausführlichen Beschäftigung mit dem Thema kann ich sagen, dass ein Zusammenspiel vieler Ebenen im pädagogischen Alltag nötig ist, um diesen Erfolg adäquat erreichen zu können. Im Bildungssystem existiert kein endgültiges Ziel. Es ist vielmehr ein Weg des ständigen Wachsens, Wandelns und Lernens an sich selbst und an den gegebenen Situationen. Pädagogische Fachkräfte müssen sich fortbilden und Interdisziplinarität pflegen.

Ebenfalls notwendig ist die inklusive Gestaltung der Kitaräume und des Materials. Für Kinder im pädagogischen Alltag – besonders für hochbegabte Kinder wird ein anregendes räumliches und materielles Umfeld benötigt. Es geht darum, dass die Räume flexibel eingesetzt werden können und die Möglichkeit besteht, intensive Spielräume zu gestalten.
Ziel der pädagogischen Arbeit ist es, Material und Bildungsangebote sinnvoll zur Verfügung zu stellen, um inklusive Arbeit leisten zu können und Entwicklungsprozesse zu fördern. Das Material wirkt impulsgebend und dient zur Anschaulichkeit.

In Bezug auf einen Ausblick sehe ich die Notwendigkeit, mehr Supervision, Teamgespräche und Interdisziplinarität in den Kitaalltag zu integrieren und zu etablieren, um Fachkräfte in ihrer Arbeit zu stärken und zu begleiten. Unser Bildungssystem muss weiter an die Anforderungen der Inklusion und Partizipation angepasst werden, sodass sich jedes einzelne Kind in seiner Persönlichkeit individuell entfalten kann.

Des Weiteren sollte das System, indem wir leben und arbeiten, enger gewebt werden, damit der Reichtum unserer Gesellschaft nicht durch das Netz fällt. Ausbaufähig sind diesbezüglich vor allem Fortbildungsmöglichkeiten für pädagogische Fachkräfte im Themengebiet der Hochbegabung. Ebenso der Betreuungsschlüssel sollte so angepasst werden, dass pädagogische Fachkräfte die Möglichkeit haben, ihre professionelle Arbeit umzusetzen und ausreichend Zeit für die Vor- und Nachbereitung von entsprechenden Bildungsangeboten und Entwicklungsgesprächen haben.

Die Zielsetzung des Bildungsangebotes im Rahmen dieser Facharbeit ist kein Entwicklungserfolg, der sich innerhalb dieses einzelnen Lernarrangements abzeichnet. Die sozial-emotionale Kompetenzentwicklung ist ein langwieriger Prozess, der immer wieder Impulse, Bildungsmöglichkeiten und das stetige Lernen im Alltag benötigt. Vorausschauend wäre also wichtig, dass diese Thematik im pädagogischen Alltag Raum findet und die pädagogische Fachkraft in regelmäßigen Abständen Bildungsangebote oder Projekte mit ähnlichem Ziel gestaltet. Kinder lernen durch Wiederholungen und dem eigenen Anwenden der erarbeiteten Verhaltensweisen.

In Bezug auf den Transfer in den pädagogischen Alltag ist zu erwähnen, dass es unzählige Möglichkeiten gibt, in denen die Kinder sich an die Löwenfamilie aus dem Bildungsangebot erinnern und die Kernessenz dessen anwenden lernen. Beispielsweise das tägliche An- und Ausziehen in der Garderobe ist eine Situation, in der die Kinder sich anschließend an das Lernarrangement gehäuft gegenseitig unterstützen können.

Auch kleine gemeinsame Aufgaben bilden Lernmomente, in denen die Kinder den sozialen Wert der Gemeinschaft wiedererkennen und anwenden können. Ein Beispiel dafür ist ein Tischdienst, bei welchem wöchentlich rotierend drei Kinder unterschiedlichen Alters mittags den Tisch für die ganze Kindergruppe decken. Die Kinder werden nicht nach Fähigkeiten getrennt, sondern decken gemeinsam. Ältere Kinder zeigen den jüngeren Kindern das Geschirr, helfen beim Tragen. In der Form kann vor allem auch ein Gefühl der Bedeutung des eigenen Handelns entstehen, was wiederum ein Verantwortungsgefühl nach sich zieht.

Ella, das hochbegabte Mädchen aus der Gruppe, traut sich in der Zeit nach dem Bildungsangebot, mit den Mädchen in ihrem Alter ihr Lieblingsheft anzuschauen und darin zu malen. Sie hat für sich entdeckt, dass sie über gemeinsame Interessen Anschluss und Austausch finden kann. Zudem hat Ella auch in Bezug auf ihre personale Kompetenz Fortschritte machen können. Sie hat erkannt, dass sie ihre soziale Ungeduld durch eine neue Erfahrung regulieren kann. In Momenten, in denen andere Kinder nicht so schnell arbeiten, wie sie, isoliert sie sich weniger und wirkt deutlich weniger frustriert. Die pädagogische Fachkraft beobachtet, dass Ella in solchen Momenten versucht, ihre Kompetenz zu nutzen, um zu helfen. Beim Anziehen in der Garderobe war sie bereits fertig und verärgert, dass sie noch warten musste, weil die jüngeren Kinder noch nicht fertig waren. Dort hat sie zum ersten Mal einem jüngeren Kind geholfen, die Schuhe zuzumachen.

Im Garten entdeckt die pädagogische Fachkraft im Anschluss an das Bildungsangebot kleine Momente, in denen die älteren Kinder Streitigkeiten ohne Unterstützung von Erwachsenen lösen lernen. Sie beobachtet zudem auch Situationen, in denen ältere Kinder jüngeren Kindern, die weinen und sich verletzt haben, helfen und sie trösten.

Hochbegabte Kinder sollen nicht separiert, sondern bedürfnisentsprechend in das Gruppengeschehen integriert werden. Die Kinder profitieren aus der Vielfalt und können durch Wertschätzung, Wirksamkeit und Zugehörigkeit ihrer Identität ihre eigenen Entwicklungsprozesse fördern.

Literaturverzeichnis

Brackmann, A: Jenseits der Norm – hochbegabt und hochsensibel? (2017), 9. Auflage, Klett-Cotta Verlag

Dornes, M: Die emotionale Welt des Kindes (2001), 2. Auflage, Fischer Taschenbuch Verlag GmbH

Gartinger, S et al.: Erzieherinnen und Erzieher – Professionelles Handeln im sozialpädagogischen Berufsfeld (2014), Band 1, Cornelsen Verlag

Kormann, G: Gesprächspsychotherapie und personzentrierte Beratung Resilienz – Was Kinder und Erwachsene stärkt und in ihrer Entwicklung unterstützt (2009), GwG-Verlag, 4 Auflage

Preckel, F; Baudson, T: Hochbegabung – Erkennen, Verstehen, Fördern (2013), C.H. Beck oHG Verlag

Preissing, C: Berliner Bildungsprogramm für Kitas und Kindertagespflege (2014): 1. Auflage, Verlag das Netz

Webb, J: Hochbegabte Kinder – Das große Handbuch für Eltern (2017), 2. Auflage, Hogrefe Verlag

Bogatzki, A: Kitafachtext – Tor schaffen – Transparenz, Orientierung, Resilienz (2015) Link: https://www.kita-fachtexte.de/uploads/media/KiTaFT_Bogatzki_2015.pdf Zugriff 20.05.2018 15:32 Uhr

Franke, U: Bundesministerium für Bildung und Forschung – Begabte Kinder fördern und fordern - Andres, ein Kind mit der Diagnose „Hochbegabung" (2000) Link: https://www.theraplay.de/uploads/pdf/hochbegabung.pdf Zugriff 15.10.2018 21:45 Uhr

Holling, H: Bundesministerium für Bildung und Forschung - Begabte Kinder finden und fördern - Ein Wegweiser für Eltern, Erzieherinnen und Erzieher, Lehrerinnen und Lehrer (2015) Link: https://www.bmbf.de/pub/Begabte_Kinder_finden_und_foerdern_2017.pdf   Zugriff: 12.09.2018 16:45 Uhr

Kerbel, B: Bundeszentrale für politische Bildung – Inklusion: eine Schule für alle Kinder (2015) Link: http://www.bpb.de/gesellschaft/bildung/zukunft-bildung/213296/inklusion-worum-es-geht?p=all Zugriff 28.10.2018 21:34 Uhr

Koeppel, G: Didaktische Grundlagen der Arbeit von ElementarpädagogInnen (2012), Handreichungen zum Berufseinstieg von Elementar- und KindheitspädagogInnen, Heft B04

Melchers, P: Kaufman Assessment Battery for Children, dt. Version (K-ABC) (2009) Link: http://entwicklungsdiagnostik.de/k-abc.html Zugriff: 14.09.2018 13:48 Uhr

Merkel, J: Das Kita-Handbuch – Bildungsbereiche und Kopetenzen: Welche Themen sollen in der Bildungsarbeit berücksichtigt, welche Fähigkeiten angeregt werden? (2015) Link: https://www.kindergartenpaedagogik.de/1629.html Zugriff: 01.11.2018 22:32 Uhr

Preckel, F et al.: Fragen und Antworten zum Thema Hochbegabung (2014), Druckerei Imbescheidt, 4. Auflage S.37 Link: https://www.fachportal-hochbegabung.de/common/kfp/pdf/publikationen/FAQ_Hochbegabung-2014-11.pdf Zugriff: 15.10.2018 21:32 Uhr

Petermann, F: Hamburg-Wechsler-Intelligenztest für Kinder III (HAWIK-III) (2008) Link: http://entwicklungsdiagnostik.de/hawik-iv.html Zugriff: 11.09.2018 12:22 Uhr

Schelle, Regine: Die Bedeutung der Fachkraft im frühkindlichen Bildungsprozess – Didaktik im Elementarbereich (2011), Henrich Druck + Medien GmbH, S.17-22 Link: https://www.weiterbildungsinitiative.de/uploads/media/WiFF_Expertise_18_Schelle_Internet_PDF.pdf Zugriff: 01.11.2018 21:22 Uhr

Schlichte-Hiersemenzel, B: Bundesministerium für Bildung und Forschung - Zu Entwicklungsschwierigkeiten hoch begabter Kinder und Jugendlicher in Wechselwirkung mit ihrer Umwelt (2001), Link: https://bildung-rp.de/fileadmin/user_upload/foerderung.bildung-rp.de/hochbegabung/bmbfentschicklungsschwierigkeiten.pdf Zugriff 15.10.2018 21:22 Uhr

Sozialgesetzbuch – Achtes Buch – Kinder- und Jugendhilfe - § 22 SGB VIII Grundsätze der Förderung (2017) Link: https://www.sozialgesetzbuch-sgb.de/sgbviii/22.html Zugriff 12.10.2018 20:32 Uhr

Textor, M. R: Das Kita-Handbuch - Hoch begabte Kinder entdecken und angemessen fördern (2015), Link: https://www.kindergartenpaedagogik.de/2156.pdf Zugriff 15.10.2018 21:41 Uhr

Vock, H: kiTa aktuell: Hochbegabung im Kindergarten (2003) Link: https://www.kindergartenpaedagogik.de/1603.html Zugriff: 21.08.2018 15:38 Uhr

Geschriebene Wörter: 11365